Calw ist die Geburtsstadt Hermann Hesses. Hier wurde er am 2. Juli 1877 geboren. Die Stadt hat ihm zeitlebens viel bedeutet. Er hat in ihr glückliche Kindheitstage erlebt, aber auch nicht minder prägende Jugendkrisen durchlitten. Beides ist in sein schriftstellerisches Schaffen eingegangen; kein anderer Ort spielt eine größere Rolle in seinem Werk. Als »Gerbersau« wurde ihm Calw zum poetischen Ort, zum »Urbild aller Menschenheimaten und Menschengeschicke«. Über drei Dutzend Erzählungen und Betrachtungen Hesses haben Calw und seine Menschen zum Gegenstand. Solchermaßen hat er ein einmaliges Porträt dieser schwäbischen Kleinstadt gegen Ende des 19. Jahrhunderts geschaffen. Für diese wertvolle Hinterlassenschaft ehrt ihn seine Heimatstadt zu seinem 125. Geburtstag u.a. mit dem vorliegenden Bändchen, das ihn und sein Werk den Bürgern und auch den Besuchern Calws nahebringen soll.

»Hermann Hesse in Calw« ist ein für das Hermann-Hesse-Jubiläum 2002 im Auftrag der Stadt Calw erstellter Sonderdruck aus dem Band »Hermann Hesse: Schauplätze seines Lebens. Spurensuche in Calw, Maulbronn, Tübingen, Basel, Gaienhofen, Bern und Montagnola«, der 1997 als Insel Taschenbuch erschienen und weiterhin erhältlich ist.

Der Verfasser Herbert Schnierle-Lutz ist in Calw geboren und aufgewachsen. Er ist als Lektor, Herausgeber und Autor im Bereich der Literaturpädagogik tätig. Neben mehreren Anthologien hat er biographische Arbeiten zu Lessing, Heine, Büchner und C.F. Meyer veröffentlicht.

Herbert Schnierle-Lutz
Hermann Hesse in Calw

Hermann Hesse 1899

Herbert Schnierle-Lutz

Hermann Hesse in Calw

Biographische Informationen und Stadtrundgang auf den Spuren des Dichters

Sonderdruck 2002
zum 125. Geburtstag Hermann Hesses
Herausgegeben von der Stadt Calw
Auszug aus dem insel taschenbuch Nr. 1964:
»Hermann Hesse: Schauplätze seines Lebens.
Spurensuche in Calw, Maulbronn,
Tübingen, Basel, Gaienhofen, Bern und Montagnola«,

Herstellung: Insel Verlag
Vertrieb: Große Kreisstadt Calw,
Kultur und Tourismus, Marktbrücke 1,
75365 Calw, Tel. 07051-9688-0,
E-Mail: kultur@calw.de
Satz: MZ-Verlagsdruckerei GmbH, Memmingen
Druck: Offizin Andersen Nexö, Leipzig

ISBN 3-9806875-3-8

Inhalt

Calw: Geburtsstadt Hermann Hesses, Ort der Kindheit und der Jugendkrise, Vorbild für das ›Gerbersau‹ seiner Erzählungen

Einführende Informationen

Rundgang auf Hesses Spuren durch Calw

Weitere Gänge in Calw auf Hesses Spuren

Wanderungen nach Hirsau, Zavelstein und Teinach

Hermann Hesses »Calwer Tagebuch«

Calw: Geburtsstadt Hermann Hesses, Heimat, Ort der Jugendkrisen und Urbild für das ›Gerbersau‹ seiner Erzählungen

Hermann Hesses Calwer Zeit 1877-1881 und 1886-1895

»Zwischen Bremen und Neapel, zwischen Wien und Singapore habe ich manche hübsche Stadt gesehen, Städte am Meer und Städte hoch auf Bergen, und aus manchem Brunnen habe ich als Pilger einen Trunk getan, aus dem mir später das süße Gift des Heimwehs wurde.

Die schönste Stadt von allen aber, die ich kenne, ist Calw an der Nagold, ein kleines, altes, schwäbisches Schwarzwaldstädtchen.

Wenn ich jetzt etwa wieder einmal nach Calw komme, dann gehe ich langsam vom Bahnhof hin abwärts, an der katholischen Kirche, am Adler und am Waldhorn vorbei und durch die Bischofstraße an der Nagold hin bis zum Weinsteg oder auch bis zum Brühl, dann über den Fluß und durch die untere Ledergasse, durch eine der steilen Seitengassen zum Marktplatz hinauf, unter der Halle des Rathauses durch, an den zwei mächtigen alten Brunnen vorbei, tue auch einen Blick hinauf gegen die alten Gebäude der Lateinschule, höre im Garten des Kannenwirts die Hühner gackern, wende mich wieder abwärts, am Hirschen und Rößle vorüber, und bleibe dann lang auf der Brücke stehen. Das ist mir der liebste Platz im Städtchen, der Domplatz von Florenz ist mir nichts dagegen.

Wenn ich nun von der schönen steinernen Brücke aus dem Fluß nachblicke, hinab und hinauf, dann sehe ich Häuser, von denen ich nicht weiß, wer in ihnen wohnt. Und wenn aus einem der Häuser ein hübsches Mädchen blickt (die es in Calw stets gegeben hat), dann weiß ich nicht, wie sie heißt.

Aber vor dreißig Jahren, da saß hinter all diesen vielen Fenstern kein Mädchen und kein Mann, keine alte Frau, kein Hund und keine Katze, die ich nicht gekannt hätte. Über die Brücke lief kein

Calw um die Mitte des 19. Jahrhunderts. Stich von A.H. Payne

Wagen und trabte kein Gaul, von dem ich nicht wußte, wem er gehöre. Und so kannte ich alles, die vielen Schulbuben und ihre Spiele und Spottnamen, die Bäckerläden und ihre Ware, die Metzger und ihre Hunde, die Bäume und die Maikäfer und Vögel und Nester darauf, die Stachelbeersorten in den Gärten.

Daher hat die Stadt Calw diese merkwürdige Schönheit. Zu beschreiben brauche ich sie nicht, das steht in fast allen Büchern, die ich geschrieben habe. Ich hätte sie nicht zu schreiben brauchen, wenn ich in diesem schönen Calw sitzen geblieben wäre. Das war mir nicht bestimmt.

Aber wenn ich jetzt (wie es bis zum Krieg alle paar Jahre einmal geschah) wieder eine Viertelstunde auf der Brückenbrüstung sitze, über die ich als Knabe tausend Mal meine Angelschnur hinabhängen hatte, dann fühle ich tief und mit einer wunderlichen Ergriffenheit, wie schön und merkwürdig dies Erlebnis für mich war: einmal eine Heimat gehabt zu haben! Einmal an einem kleinen Ort der Erde alle Häuser und ihre Fenster und alle Leute dahinter gekannt zu haben! Einmal an einen bestimmten Ort dieser Erde gebunden gewesen zu sein, wie der Baum mit Wurzeln und Leben an seinen Ort gebunden ist.

Wenn ich ein Baum wäre, so stünde ich noch dort. So aber kann ich nicht wünschen, das Gewesene zu erneuern. Ich tue das in meinem Träumen und Dichten zuweilen, ohne es in der Wirklichkeit tun zu wollen.

Jetzt habe ich hie und da eine Nacht Heimweh nach Calw. Wohnte ich aber dort, so hätte ich jede Stunde des Tags und in der Nacht Heimweh nach der schönen alten Zeit, die vor dreißig Jahren war und die längst unter den Bogen der alten Brücke hinweggeronnen ist. Das wäre nicht gut. Schritte, die man getan hat, und Tode, die man gestorben ist, soll man nicht bereuen.

Man darf nur zuweilen einen Blick dort hinein tun, durch die Ledergasse schlendern, und eine Viertelstunde auf der Brücke stehen, sei es auch nur im Traum, und das nicht allzu oft.«

Hesse, Heimat (1918), GS, Band 3, S. 932 f.

So lautet die schönste Liebeserklärung Hermann Hesses, die er dem Ort seiner Jugend gemacht hat, dem am Rande des Nordschwarzwaldes gelegenen Calw, das damals ein Städtchen von kaum mehr als viertausend Einwohnern war.

Hier wird er 1877 geboren. Hier verbringt er die ersten vier Jahre seiner Kindheit und – nach einer Unterbrechung von fünf Jahren, während der er mit seiner Familie in Basel lebt – auch die prägenden Schüler- und Lausbubenjahre zwischen dem neunten und dreizehnten Lebensjahr sowie die zwei Jahre der Krise und beruflichen Orientierung zwischen dem sechzehnten und achtzehnten Lebensjahr, die an die Zeit seiner auswärtigen Schulausbildung in Göppingen, Maulbronn und Cannstatt anschlossen.

Hermann Hesse hat Calw mehr Betrachtungen gewidmet als jedem anderen Ort, an dem er im Laufe seiner 85 Lebensjahre gewohnt hat. Und vor allem hat ihm das Städtchen als Schauplatz für zahlreiche Erzählungen, Romane und Schilderungen gedient. Er hat dazu im Rückblick einmal geschrieben:

»Nie mehr ist eine andere Stadt in den Ländern, in denen ich seither gewohnt habe und gereist bin, mir so bekannt geworden; noch immer

ist die Vaterstadt für mich Vorbild, Urbild der Stadt, und die Gassen, Häuser, Menschen und Geschichten dort Vorbild und Urbild aller Menschenheimaten und Menschengeschicke.«

Hesse, Erlebnis in der Knabenzeit, GE 1, S. 12

Calw war Hermann Hesse das Vorbild für seinen poetischen Ort »Gerbersau«, in dem Hans Giebenrath aus dem Roman *»Unterm Rad«* eine glückliche Jugend verlebt, in ehrgeizige Pläne der Erwachsenen verstrickt wird und schließlich so tragisch scheitert. Hier geht der zarte Knabe Emil Sinclair in dem Roman *»Demian«* zur Schule und wird von dem Gassenjungen Franz Kromer zu Schutzgeldzahlungen erpreßt, bevor ihn der geheimnisvolle Max Demian unter seinen Schutz nimmt. Und hier ruht sich zu Zeiten der Vagabund Knulp in der gleichnamigen Erzählung für ein paar Tage von seinem unsteten Wanderleben aus und kokettiert mit bürgerlicher Seßhaftigkeit, bis es ihn wieder in die Ferne zieht. Darüber hinaus gibt es im Werk Hermann Hesses über zwei Dutzend kleinere Erzählungen, die in Calw spielen, beziehungsweise in »Gerbersau«, wie Hesse Calw in Anspielung auf die vielen Gerbereien nennt, die zu seiner Jugendzeit das Bild des Städtchens entlang der Nagold prägten. Mit diesen »Gerbersauer Erzählungen«, die nahezu vollständig in den vier Taschenbuchbänden »Gesammelte Erzählungen« (siehe Literaturverzeichnis S. 128ff.) nachlesbar sind, hat Hermann Hesse ein Werk geschaffen, in dem der ganze Kosmos einer schwäbischen Kleinstadt vor der Jahrhundertwende lebendig wird.

Hermann Hesses Familie gehörte nicht zu den alteingesessenen Calwer Familien. Sein Vater wurde 1847 als Sohn einer deutsch-baltischen Arztfamilie in Weißenstein in Estland geboren. Seine Mutter kam 1842 in der zur Basler Mission gehörenden Missionsstation Talatscheri an der Westküste Indiens zur Welt; deren Mutter stammte aus der französischen Schweiz, während ihr Vater, der Missionar Hermann Gundert, in Stuttgart aufgewachsen war.

Mit Calw kam die Familie erst 1860 in Berührung. In diesem Jahr zog die Mutter mit ihren Eltern und ihren vier Brüdern nach Calw. Ihr Vater hatte die Arbeit in Indien wegen einer schweren Ruhrerkrankung aufgeben müssen und wurde nun von der Basler Mission nach Calw delegiert, um hier die Leitung des Calwer Verlagsver-

»Die Stadt machte einen sehr bäuerlichen Eindruck; Heuwagen, Heugeruch und Sensendengeln erfüllte die Straßen und Lüfte ...« (Unterm Rad).
Die Calwer Ledergasse in der ersten Hälfte des 20. Jahrhunderts

eines zu übernehmen, der christliche Bücher und vor allem Traktate für die evangelisch-pietistische Missionsarbeit in aller Welt verlegte (siehe hierzu auch S. 37ff.).

Hier lernte Marie Gundert, die spätere Mutter Hermann Hesses, zunächst ihren ersten Ehemann, den vierundzwanzigjährigen englischen Missionar Charles W. Isenberg kennen, mit dem sie 1865 in die am Indus gelegene Missionsstation Haiderabad übersiedelte und zwei Söhne bekam, der aber bereits 1869 wegen einer schweren Lungenerkrankung nach Deutschland zurück mußte. Sie lebten noch ein halbes Jahr in Stuttgart zusammen, dann starb er, und die achtundzwanzigjährige Witwe zog 1870 mit ihren beiden kleinen Söhnen Karl und Theodor zu den Eltern nach Calw zurück. Dort arbeitete sie von Juni 1871 bis Juli 1872 als Lehrerin für Englisch an der örtlichen Knaben-Realschule; übrigens als erste weibliche Lehrkraft im württembergischen Realschuldienst, was nicht geringes Aufsehen erregte.

Im Jahr 1873 schickte die Basler Mission einen jungen Missionar namens Johannes Hesse, der die Missionsarbeit in Indien wegen einer Erkrankung an Dysenterie hatte aufgeben müssen, als Gehilfen für den Verlagsverein nach Calw. Dieser hielt 1874 um die Hand Marie Isenbergs an und heiratete sie gegen Ende des Jahres. Unmittelbar nach der Hochzeit zog das Paar in die Wohnung am Marktplatz, in der Hermann Hesse dann am 2. Juli 1877 als zweites Kind zur Welt kommt (siehe hierzu Station 5 beim Rundgang durch Calw: Geburtshaus, S. 62).

Kurz vor Hermann Hesses viertem Geburtstag übersiedelt die Familie im April 1881 von Calw nach Basel. Vater Johannes Hesse ist von der Basler Mission berufen worden, im dortigen Missionshaus das Missionsmagazin herauszugeben und an der Missionsschule zukünftige Missionare in Missionsgeschichte und Missionslehre zu unterrichten. Die Eltern Hesse folgen diesem Ruf in die große Stadt nicht ungern, da sie sich im kleinstädtischen Calw unter lauter Schwaben als »Zugereiste« immer beengt gefühlt haben. (Hermann Hesse berichtet später einmal, daß zu seiner Jugendzeit bei den alteingesessenen Calwern noch die Enkel von Zugezogenen als »Zugereiste« oder »Reingeschmeckte« gegolten haben.) Zudem finden die Hesses im Umkreis der Missionszentrale, die Anlauf-

Hermann Hesse im Juli 1880 im Alter von drei Jahren

stelle für Missionare aus aller Welt ist, einen internationalen und anregenden Kreis Gleichgesinnter. Bei Vater Hesse kommt noch hinzu, daß er froh ist, in Basel selbständiger arbeiten zu können, während er in Calw immer im Schatten des Schwiegervaters Hermann Gundert stand, eines Patriarchen und genialischen Kraftmenschen (vgl. S. 39ff.).

Die Basler Begebenheiten sind in meinem Buch »Hermann Hesse. Schauplätze seines Lebens« ausführlich geschildert. Deshalb seien hier nur die wichtigsten biographischen Stationen genannt: Ab 1882 besucht Hermann die Kinderschulklasse im Knabenhaus der Mission, die eine Art Vorschule ist. 1883 erhält die Familie, die vom Vater her noch einen estnisch-russischen Paß besitzt, die schweizerische Staatsangehörigkeit, nachdem sie die deutsche verweigert bekommen hat, da sie im Ausland wohnt. Vom 21. Januar bis zum 5. Juni 1884 wird Hermann ganz im Knabenhaus der Mission untergebracht und darf die Familie nur am Sonntag besuchen. Es sind zunehmende Erziehungsschwierigkeiten, die die Eltern zu diesem drastischen Schritt veranlassen. Es bricht hier zwischen dem Sohn und den Eltern ein Konflikt aus, der für das weitere Leben Hermann Hesses weitreichende Konsequenzen haben wird. Hermann beginnt sich gegen die religiöse Weltanschauung der Eltern und die daraus abgeleitete Erziehung aufzulehnen. Die Eltern stehen ganz in der Nachfolge des protestantischen Pietismus, der die irdische Existenz als eine fortwährende Bewährungsprobe für die Erlangung der »ewigen Seligkeit im Reich Gottes« betrachtet. Entsprechend der daraus resultierenden puritanischen, auf ein jenseitiges Leben ausgerichteten Haltung ist ihre Erziehung angelegt. Hermann Hesse wird darüber als Sechzigjähriger im Rückblick schreiben:

»Übrigens war […] meine Erziehung nicht leicht und sanft, trotz der unerschöpflichen Liebeskraft der Mutter und dem ritterlichen, delikaten und zarten Wesen des Vaters. Streng und hart waren nicht sie, sondern das Prinzip. Es war das pietistisch-christliche Prinzip, daß des Menschen Wille von Natur und Grund aus böse sei, und daß dieser Wille also erst gebrochen werden müsse, ehe der Mensch in Gottes Liebe und in der christlichen Gemeinschaft das Heil erlangen könne. So wurden wir – denn unsere Eltern liebten uns sehr und waren beide nichts weniger als hart – zwar nicht spartanisch erzogen und wurden weniger oft und weniger schwer gezüchtigt als viele unsrer Schulkameraden, deren Väter weder Christen waren noch Ideale hatten, jedoch mit Prügeln und Einsperren schnell bei der Hand waren; aber wir lebten unter einem strengen Gesetz, das vom jugendlichen Menschen, seinen natürlichen Neigungen, Anlagen und Bedürfnissen und Entwicklungen sehr mißtrauisch dachte und unsre angeborenen Gaben, Talente und Besonderheiten keineswegs zu fördern oder gar ihnen zu schmeicheln bereit war.

Hesse, Erinnerung an Hans, GW 10, S. 212 f.

Dem Kind, das noch nicht weiß, was für es gut ist, zu seinem Heile »den Willen zu brechen« und es zur Unterordnung unter den göttlichen Willen zu zwingen, das ist ein Kernstück der pietistischen Päd-

Hermann Hesse (links) 1889 mit seinen Eltern und Geschwistern

agogik. Hermann Hesse wehrt sich gegen dieses Erziehungsprogramm von Anfang an. Er läßt sich nicht »brechen«, aber wird durch die Versuche tief verletzt. Hierin ist auch eine der Wurzeln zu sehen für die dramatischen und unglücklichen Geschehnisse, die ihn im Verlauf der Pubertät aus dem Gleis und an den Rand des Abgrunds bringen werden und die lebenslang nachwirken.

Wohin diese Pädagogik im Extremfall führen kann, hat Hermann Hesse in seinem Roman *»Steppenwolf«* veranschaulicht, in dem es über den menschenscheuen Einzelgänger (»Steppenwolf«) Harry Haller, der eines der vielen Spiegelbilder Hermann Hesses in seinem Werk ist, heißt:

»Hier muß ich eine psychologische Anmerkung einfügen. Obgleich ich über das Leben des Steppenwolfs sehr wenig weiß, habe ich doch allen Grund zu vermuten, daß er von liebevollen, aber strengen und

sehr frommen Eltern und Lehrern in jenem Sinne erzogen wurde, der das »Brechen des Willens« zur Grundlage der Erziehung macht. Dieses Vernichten der Persönlichkeit und Brechen des Willens nun war bei diesem Schüler nicht gelungen, dazu war er viel zu stark und hart, viel zu stolz und geistig. Statt seine Persönlichkeit zu vernichten, war es nur gelungen, ihn sich selbst hassen zu lehren.«

Hesse, Der Steppenwolf. Roman. GW 7, S. 191

1886 siedelt die Familie Hesse wieder von Basel nach Calw über. Der mittlerweile zweiundsiebzigjährige und seit kurzem verwitwete Großvater Gundert hatte die Basler Mission gebeten, ihm seinen Schwiegersohn wieder als rechte Hand und Nachfolger im Verlagsverein zur Verfügung zu stellen. Die Mission gab diesem Wunsch statt, und die Eltern Hesse fügten sich schweren Herzens.

Der nun neunjährige Hermann findet in Calw zunächst eine wirkliche Jugendheimat. Rasch ist er an den Ufern der Nagold, in den verwinkelten Gassen und den umliegenden Waldbergen zu Hause. Die folgenden drei Jahre gehören wohl zu den glücklichsten und unbeschwertesten seines Lebens. Die darin eingebetteten Erlebnisse und Abenteuer hat er an zahlreichen Stellen seines Werkes geschildert; z.B. in der Erzählung *»Der Sammetwedel«* (siehe S. 125 im vorliegenden Band), in der er erzählt, wie er zusammen mit den anderen Lausbuben der Stadt einen kauzigen Krämer neckt; oder in der Erzählung *»Floßfahrt«*, in der eine gegen den Willen der Eltern unternommene Fahrt auf einem Nagoldfloß beschrieben wird (siehe S. 54); oder in der Erzählung *»Der Kavalier auf dem Eise«* (siehe S. 117), in der er von seinen ersten schüchternen Annäherungsversuchen an das andere Geschlecht erzählt. Wohl besonders auf diese Jahre bezieht sich Hermann Hesses Vision von der Jugend als Urheimat des Menschen. *»Wo wir Kinder gewesen sind und die ersten Bilder von Welt und Menschen empfangen haben, da ist unsere Heimat«*, schreibt er einmal. Dieser Begriff von Heimat zieht sich durch sein ganzes Lebenswerk hindurch.

Natürlich sind aber auch diese Jahre nicht völlig ungetrübt. Die Eltern versuchen dem Lausbubenleben, wo immer es geht, Schranken zu setzen, und natürlich gibt es Prügel, Stubenarrest oder Liebesentzug, wenn die Bubenstreiche allzu deftig ausfallen. Und es gibt auch ernsthafte, tiefgehende Konflikte; einen schildert Hermann Hesse z. B. in der Erzählung *»Kinderseele«* (siehe hierzu S. 97f.).

Die relativ unbeschwerte Jugendzeit geht 1889 zu Ende, als die Familie beschließt, Hermann für das württembergische Landexamen vorbereiten zu lassen, dessen Absolvierung eine kostenlose Schulausbildung am Maulbronner Seminar mit anschließendem Theologiestudium am Tübinger Stift eröffnet. Hierzu wird Hermann, der bislang mit der Schule wenig Schwierigkeiten gehabt hat, einer strengeren Disziplin unterworfen. Zusätzlich zum Pensum der Calwer »Lateinschule«, eines Reallyceums, auf das er seit 1886 geht, unterrichtet ihn der Vater in Latein und Griechisch, und ein Lehrer gibt ihm Privatstunden in den anderen Fächern. Der Einbruch in die Kinderwelt, den diese Unterwerfung des Knaben unter die Vorstellungen und Anforderungen der Erwachsenen bedeutete, spiegelt sich drastisch in Hesses Roman *Unterm Rad*, in dem der nun beginnende Schulstreß ebenso wie die Trauer über die verlorene Welt der Kinderspiele eindrücklich geschildert wird.

Von Februar 1890 bis Juli 1891 wird Hermann Hesse zur Absicherung des Erfolgs bei der Landexamensprüfung sogar in eine Schülerpension in dem hundert Kilometer von Calw entfernten Göppingen gegeben, damit er die dortige Lateinschule besuchen kann, deren Rektor als besonders fähiger Einpauker für das Landexamen gilt. Hermann Hesse berichtet im Rückblick über die Umstände, die dazu führten:

»Es geschah dies zum Teil aus erzieherischen Gründen, denn ich war damals ein schwieriger und sehr unartiger Sohn geworden, und die Eltern wurden nicht mehr fertig mit mir. Außerdem aber war es notwendig, daß ich möglichst gut auf das Landexamen vorbereitet werde. Diese staatliche Prüfung, die jedes Jahr im Sommer für das ganze Land Württemberg stattfand, war sehr wichtig, denn wer sie bestand, der bekam eine Freistelle in einem der theologischen »Seminare« und konnte als Stipendiat studieren. Diese Laufbahn war auch für mich vorgesehen. Nun gab es einige Schulen im Lande, an denen die Vorbereitung auf diese Prüfung ganz speziell betrieben wurde, und auf eine von diesen Schulen wurde ich also geschickt. Es war die

Lateinschule in Göppingen, wo seit Jahren der alte Rektor Bauer als Einpauker fürs Landexamen wirkte, im ganzen Lande berühmt und Jahr für Jahr von einem Rudel strebsamer Schüler umgeben, die ihm aus allen Landesteilen zugesandt wurden.«

Hesse, Aus meiner Schülerzeit, GS, Band 4

Diese pädagogische Maßnahme bringt tatsächlich den erwünschten Erfolg. Rektor Bauer, ein *»geschickter und höchst origineller Schulmeister«* (Hesse), erlangt einen positiven Einfluß auf Hermann. Nach einer Vorbereitung von etwas über einem Jahr absolviert er im Juli 1891 in Stuttgart das Landexamen als 28. von 36 Stipendiaten des Jahrgangs. Im September wird er daraufhin in das evangelische Seminar im Kloster Maulbronn aufgenommen. Hermann fühlt sich im Seminar zunächst recht wohl und stürzt sich in eine Vielzahl von Aktivitäten. Dabei überschätzt er aber seine Kräfte und kommt in Konflikt mit der strengen Zucht dieser Schule. Ein Lehrer berichtet den Eltern, daß Hermann »überschwengliche, teilweise überspannte Gedichte« verfasse. Im März 1892 reißt er aus, treibt sich eine Nacht ziellos in der Gegend herum und wird von der Gendarmerie zurückgebracht. Die Schulleitung legt den Eltern nahe, Hermann aus dem Seminar zu nehmen. Wenige Tage später wird er vom Arzt wegen beständiger Kopfschmerzen und eines angegriffenen Allgemeinzustands nach Hause geschickt. Die Eltern versuchen ihn zu bekehren. Er hat aber anderes im Kopf. Er liest heimlich in der großväterlichen Bibliothek Bücher, die die Eltern als Lektüre nicht billigen würden, und hantiert auf dem Hohen Felsen über der Stadt mit Sprengpulver, wobei er sich das Gesicht versengt (siehe S. 93 ff.). Nach einem Monat darf er trotzdem noch einmal nach Maulbronn zurückkehren. Doch als er gegenüber einem Mitschüler genialische Reden führt, in denen er zum Beispiel gegen die christlichen Vorstellungen von Himmel und Hölle polemisiert, und dieser Mitschüler seinem Vater, der mit der Familie Hesse in Kontakt steht, mitteilt, daß er Hermann für geistesverwirrt halte, nehmen ihn die Eltern endgültig aus dem Seminar. Hesse schreibt darüber rückblickend:

»Im ganzen war ich in den sieben oder acht ersten Schuljahren ein guter Schüler, wenigstens saß ich stets unter den Ersten meiner Klasse. Erst mit dem Beginn jener Kämpfe, welche keinem erspart bleiben, der eine Persönlichkeit werden soll, kam ich mehr und mehr auch mit der Schule in Konflikt. Verstanden habe ich jene Kämpfe erst zwei Jahrzehnte später, damals waren sie einfach da und umgaben mich, wider meinen Willen, als ein furchtbares Unglück.

Die Sache war so: von meinem dreizehnten Jahr an war mir das eine klar, daß ich entweder ein Dichter oder gar nichts werden wolle. Zu dieser Klarheit kam aber allmählich eine andre, peinliche Einsicht. Man konnte Lehrer, Pfarrer, Arzt, Handwerker, Kaufmann, Postbeamter werden, auch Musiker, auch Maler oder Architekt, zu allen Berufen der Welt gab es einen Weg, gab es Vorbedingungen, gab es eine Schule, einen Unterricht für Anfänger. Bloß für den Dichter gab es das nicht! Es war erlaubt und galt sogar für eine Ehre, ein Dichter zu sein: das heißt als Dichter erfolgreich und bekannt zu sein, meistens war man leider dann schon tot. Ein Dichter zu werden aber, das war unmöglich, es werden zu wollen, war eine Lächerlichkeit und Schande, wie ich sehr bald erfuhr. […] Ferner: Interesse für Dichtung und eigenes dichterisches Talent machte bei den Lehrern verdächtig, man wurde dafür entweder beargwöhnt oder verspottet, oft sogar tödlich beleidigt. […]

So sah ich zwischen mir und meinem fernen Ziel nichts als Abgründe liegen, alles wurde mir ungewiß, alles entwertet, nur das eine blieb stehen: daß ich Dichter werden wolle, ob es nun leicht oder schwer, lächerlich oder ehrenvoll sein mochte. Die äußern Erfolge dieses Entschlusses – vielmehr dieses Verhängnisses – waren folgende:

Als ich dreizehn Jahre alt war, und jener Konflikt eben begonnen hatte, ließ mein Verhalten sowohl im Elternhaus wie in der Schule so viel zu wünschen übrig, daß man mich in die Lateinschule einer andern Stadt in die Verbannung schickte. Ein Jahr später wurde ich Zögling eines theologischen Seminars, lernte das hebräische Alphabet schreiben, als plötzlich von innen her Stürme über mich hereinbrachen, welche zu meiner Flucht aus der Klosterschule, zu einer Bestrafung mit schwerem Karzer und zu meinem Abschied aus dem Seminar führten.« *Hesse, Kurzgefaßter Lebenslauf, GW 6, S. 393 ff.*

Was sich im Rückblick als Pubertätskrise und Sturm-und-Drang-Phase eines mit großer Phantasie und Zukunftsträumen begabten Jugendlichen erweist, wird von seiner damaligen Umgebung als Symptom einer aufkeimenden Geisteskrankheit betrachtet. Es beginnt deshalb nun eine leidvolle Zeit für den Fünfzehnjährigen. Von der Mutter wird Hermann am 7. Mai 1892 nach Bad Boll zu dem pietistischen Theologen Christoph Blumhardt gebracht, der im Ruf steht, einen günstigen Einfluß auf geistig Erkrankte ausüben zu können, und dessen Vater einen legendären Ruf als »Teufelsaustreiber« und Heiler gehabt hat. Doch dieser ist bereits nach 14 Tagen mit seinem Latein am Ende. Hermann hat sich Hals über Kopf in ein sieben Jahre älteres Mädchen verliebt und unternimmt, als seine Empfindungen nicht erwidert werden, einen Selbstmordversuch. Blumhardt schreibt daraufhin den Eltern, ihr Sohn sei reif fürs Irrenhaus, und empfiehlt ihnen, ihn nach Stetten in die dortige Anstalt zu bringen.

Diese Maßnahme verstärkt die Revolte Hermanns nur noch mehr. Während er unter der Diagnose »Melancholie« behandelt wird, verfaßt er folgendes Gedicht:

Leb wohl, du altes Elternhaus,
Ihr werft mit Schande mich hinaus,
Ade, ihr Lieben (?) groß und klein,
Von neuem bin ich jetzt allein!

Leb wohl, du Gott der ganzen Welt
Dem man den Bügel dienend hält,
Vom Dienen bin ich dumpf und matt,
Das Dienen hab ich lange satt.

Zum Teufel geht die Freiheit auch,
Sie war ja immer höchstens Rauch,
Ich werd' ins Irrenhaus geschickt,
Wer weiß – ich bin wohl gar verrückt.

Hesse, Kindheit und Jugend vor 1900, Band 1, S. 248

Er schreibt Briefe an die Eltern, voll von Verzweiflung und Aufbegehren; einmal bittet er um *»7 Mark oder gleich einen Revolver«*, ein andermal erklärt er: *»Meine letzte Kraft will ich aufwenden, zu zeigen, daß ich nicht die Maschine bin, die man nur aufzuziehen braucht ... ich gehorche nicht und werde nicht gehorchen.«* Und unterzeichnet mit *»H. Hesse, Nihilist«*.

Ein Vierteljahr führt er von Stetten aus einen Briefkrieg. Er bittet, klagt, droht, greift die pietistische Weltanschauung der Eltern an. Dann sehen die Eltern ein, daß es so nicht weitergehen kann. Der Vater sucht auf Anraten von Hermanns ehemaligem Erzieher am Basler Knabenhaus eine neue Einschulungsmöglichkeit für ihn. Nachdem ein Reutlinger Gymnasium seine Aufnahme verweigert hat, nimmt ihn das Cannstatter Gymnasium auf. Im November 1892 zieht er nach Cannstatt um. Ein Jahr später legt er dort das Einjährig-Freiwilligen-Examen ab, das in etwa unserer heutigen Mittleren Reife entspricht. Er vermag die Schulausbildung jedoch nicht zum Abitur hin fortzusetzen, da er beständig starke Kopfschmerzen hat. (Erst in viel späteren Jahren wird man die Ursache dieser häufigen Kopfschmerzen in einer Schwäche der Augenmuskulatur diagnostizieren, die auch für die chronische Kurzsichtigkeit verantwortlich ist, unter der Hermann Hesse lebenslang leidet.) Auf sein Bitten hin nehmen ihn die Eltern aus der Schule. Einen Versuch als Lehrling in einer Esslinger Buchhandlung muß er nach wenigen Tagen aufgeben.

Von November 1893 an wohnt er daraufhin wieder in Calw bei seinen Eltern, hilft gelegentlich seinem Vater im Verlagsbüro und vertreibt ansonsten seine Zeit mit Lesen und Streifzügen durch die Umgebung. Die Calwer sind natürlich empört über diesen ganz uncalwerischen Lebenswandel. In ihren Augen ist er ein »Faulenzer« und »Tunichtgut«. In der Verwandtschaft wird er den Kindern als abschreckendes Beispiel dafür dargestellt, wohin Ungehorsam gegen Eltern und Lehrer führe. Die Eltern, die noch unter dem Schock der Ereignisse stehen, lassen ihn weitgehend in Frieden, behandeln ihn behutsam, sind aber gottfroh, als er nach einem halben Jahr des Dahintreibens im Juni 1894 schließlich aus eigenem Antrieb den Wunsch nach einer Mechanikerausbildung äußert. Auf Vermittlung der Familie erhält er wenige Tage später eine Praktikantenstelle in

Hermann Hesse 1893
im Alter von 16 Jahren

der mechanischen Werkstatt des Calwers Heinrich Perrot, dessen Spezialität der Turmuhrenbau ist. Und er hält, obwohl er körperlich stark gefordert wird, die vereinbarten 14 Lehrmonate durch. In einem Brief an seinen Schulfreund Theodor Rümelin schreibt er:

»In der Mechanik hab ich immerhin einiges gelernt, verstehe eine Nähmaschine zu zerlegen, eine Drahtleitung zu ziehen, Eisen zu drehen, Schrauben zu machen, eine Säge zu hauen, kann Stahl, Eisen, Messing, Kupfer, Zinn, Zink, Antimonium etc. unterscheiden, Elementläutwerke einrichten, Most trinken, trocken Brot essen, Lehrlinge kommandieren, von Leitern herabfallen, Hosen zerreißen und was sonst zur Mechanik gehört. Meine Freizeit gehört den Musen … « *Hesse, Kindheit und Jugend vor 1900, Band 1, S. 475*

Seine Neigung zur Dichtung bleibt, wie der letzte Satz andeutet, während dieser Zeit weiter bestehen. Er beschäftigt sich in seiner freien Zeit intensiv mit Literatur, wie zahlreiche Briefe an den Maulbronner Schulkameraden Theodor Rümelin und auch den von ihm geschätzten Cannstatter Lehrer Dr. Ernst Kapff belegen. Die Grundlage hierzu ist ihm die riesige großväterliche Bibliothek, zu der er freien Zugang hat. Seine Lesewut führt sogar zu einem Kleinstadtskandal. Als er Heinrich Heines Werke, die damals als sittenverderbend und undeutsch gelten, in der Bibliothek nicht findet und sie deshalb kurzerhand von seinem Lehrgeld beim ortsansässigen Buchhändler bestellt, spricht sich das in Windeseile herum, und der Vater nimmt das Werk unter Verschluß. Dieser Vorgang macht Hermann Hesse deutlich, daß er aus Calw und dem Elternhaus wegmuß, wenn er sich nach seiner Vorstellung weiterentwickeln möchte.

Eine Zeitlang trägt er sich mit dem Gedanken, nach Brasilien auszuwandern. Da er hierzu aber die Zustimmung der Eltern nicht bekommen würde, willigt er schließlich in den Vorschlag der Eltern ein, eine Lehrstelle als Buchhändler für ihn zu suchen. Zwar will er eigentlich nicht Buchhändler, sondern nach wie vor Schriftsteller werden, aber durch diese Lehre eröffnet sich für ihn die Chance, aus dem Elternhaus und seiner Bevormundung hinauszukommen und zugleich in noch engeren Kontakt zu den geliebten Büchern treten zu können. Auf ein Stellengesuch im »Schwäbischen Merkur« meldet sich die Heckenhauersche Buchhandlung in Tübingen. Er bewirbt sich und bekommt die Lehrstelle. Im Oktober 1895 zieht er daraufhin nach Tübingen um.

Danach ist Hermann Hesse nur noch gelegentlich zu Besuchen nach Calw zurückgekehrt. Der einzige längere Aufenthalt fällt in die Monate zwischen seiner Basler und Gaienhofener Zeit; zwischen Herbst 1903 und Sommer 1904 hält er sich längere Zeit in Calw auf; in einem Brief an Stefan Zweig berichtet er, daß er sich in seinem *»behaglichen alten Stüblein, von dessen Fenstern aus ich den Schauplatz meiner Bubenstreiche überblicke«*, häuslich eingerichtet habe, um an diesem ruhigen Ort *»tüchtig zu arbeiten«*. Sein Arbeitsvorhaben ist der Roman *»Unterm Rad«*, in dem er sich einen Teil der oben geschilderten Erlebnisse in Calw und Maulbronn von der Seele schreibt und dichterisch verarbeitet. Diese therapeutische

Funktion des Schreibens, die Hesses schriftstellerisches Werk lebenslang mitbestimmen wird, wird von ihm selbst in einem 50 Jahre später verfaßten kritischen Rückblick auf den Roman bestätigt:

»In der Geschichte und Gestalt des kleinen Hans Giebenrath, zu dem als Mit- und Gegenspieler sein Freund Heilner gehört, wollte ich die Krise jener Entwicklungsjahre darstellen und mich von der Erinnerung an sie befreien, und um bei diesem Versuche das, was mir an Überlegenheit und Reife fehlte, zu ersetzen, spielte ich ein wenig den Ankläger und Kritiker jenen Mächten gegenüber, denen Giebenrath erliegt und denen einst ich selber beinahe erlegen wäre: der Schule, der Theologie, der Tradition und Autorität.«

Hesse, Begegnungen mit Vergangenem, GW 10, S. 352

Hans Giebenrath, die Hauptperson in *»Unterm Rad«*, zerbricht an den Verhältnissen. Hermann Hesse selbst überwindet sie nach heftigen Kämpfen. Hans Giebenrath muß stellvertretend für Hermann Hesse scheitern, wie Werther seinerzeit für Goethe. Den schriftstellerischen Wert des Romanes sieht Hesse darin, daß dieser *»ein Stück wirklich erlebten und erlittenen Lebens«* zeige.

Die Arbeit an *»Unterm Rad«* in Calw, also gewissermaßen vor Ort, hat für Hesse noch einen wichtigen Nebeneffekt: Seine ganzen Calwer Erinnerungen, die guten, beglückenden und die schlechten, bedrängenden, werden in ihm wieder lebendig, und er beschließt, sie in einer Serie von kleinen und größeren Erzählungen festzuhalten und darzustellen. Auf diese Weise entsteht in den nächsten Jahren, zumeist in Gaienhofen geschrieben, der bereits zu Beginn erwähnte Erzählzyklus der »Gerbersauer Erzählungen«. In diesem Kleinstadt-Kosmos stehen heitere Episoden, in denen die heilen, liebenswürdigen und idyllischen Seiten des Kleinstadtlebens geschildert werden, gleichberechtigt neben dunklen Episoden, in denen die beschränkten und engen Seiten gezeigt werden. In vielen Erzählungen durchdringen sich diese beiden Aspekte untrennbar und geben so ein lebensechtes Bild wieder. Hesse hat Calw auf diese Weise eine kostbare literarische Chronik geschenkt, wie sie nur wenige Städte besitzen.

Die Anregung, doch wieder nach Calw zurückzusiedeln, die später von mancher Seite an ihn herangetragen wurde, war für Hesse nie ein Thema. In einem Brief von 1912 schreibt er dazu: *»Die Heimat will ich mir nicht dadurch verderben, daß ich meinen Werktag dahin verlege; Kindheit und Schwarzwald sind für mich Heiligtümer erster Ordnung, die ich nimmer gefährden will.«* (GB 1, S.210). Calw hatte sich ihm zu dem poetischen Ort »Gerbersau« verklärt, der ihm als solcher unschätzbare Dienste leistete, und das sollte so bleiben. Im Vorwort zu »Gerbersau«, einer (vergriffenen) Ausgabe seiner Calwer Erzählungen, schreibt Hesse 1948:

»Je mehr das Alter mich einspinnt, je unwahrscheinlicher es wird, daß ich die Heimat der Kinder- und Jünglingsjahre noch einmal wiedersehe, desto fester bewahren die Bilder, die ich von Calw und von Schwaben in mir trage, ihre Gültigkeit und Frische. Wenn ich als Dichter vom Wald oder vom Fluß, vom Wiesental, vom Kastanienschatten oder Tannenduft spreche, so ist es der Wald um Calw, ist es die Calwer Nagold, sind es die Tannenwälder und die Kastanien von Calw, die gemeint sind, und auch Marktplatz, Brücke und Kapelle, Bischofstraße und Ledergasse, Brühl und Hirsauer Wiesenweg sind überall in meinen Büchern, auch in denen, die nicht ausdrücklich sich schwäbisch geben, wiederzuerkennen, denn alle diese Bilder, und hundert andere, haben einst dem Knaben als Urbilder Hilfe geleistet, und nicht irgendeinem Begriff von »Vaterland«, sondern eben diesen Bildern bin ich zeitlebens treu und dankbar geblieben, sie haben mich und mein Weltbild formen helfen, und sie leuchten mir heute noch inniger und schöner als je in der Jugendzeit.«

Hesse, Gerbersau, Vorwort, S. 8

›Hermann-Hesse-Stadt‹ Calw

Lange Zeit wußte man in Calw nicht so recht, was man von Hermann Hesse halten und wie man sich zu ihm verhalten solle. »Tüchtige Bürger«, wie es in *»Unterm Rad«* heißt, hatte die Stadt seit jeher hervorgebracht, nicht aber so einen wie Hermann Hesse, der sich nicht von Handwerksgeschicklichkeit oder Kaufmannsfleiß nährte, sondern von Schriftstellerei, die sich zudem mit zum Teil recht fremdartig klingenden Inhalten befaßte. Dementsprechend ist die Geschichte des Verhältnisses Hesse – Calw recht wechselvoll.

Eine erste Annäherung der Stadt an Hesse, der mittlerweile als Verfasser von *»Hermann Lauscher«, »Peter Camenzind«, »Unterm Rad«, »Gertrud«, »Roßhalde«* und *»Knulp«* bekannt geworden war, geschah 1920, als die Stadt einen Brunnen auf dem Platz nahe der Nikolausbrücke nach Hesse benannte. Zwischendurch ließ man sich aber immer wieder von patriotischen Tönen, die Hesse wegen seiner gegen Krieg und Nationalismus gerichteten Schriften und seines schweizerischen Wohnsitzes als »vaterlandslosen Gesellen« schmähten, zu Distanzierungen ihm gegenüber verführen.

Kontinuierlichere Formen nahm das Verhältnis der Stadt zu ihrem Sohn erst nach dem Zweiten Weltkrieg an, als 1946 durch die fast gleichzeitige Verleihung des Literatur-Nobelpreises und des Frankfurter Goethe-Preises an Hesse unübersehbar wurde, daß aus den Mauern des Städtchens ein bedeutender, in aller Welt bekannter und verehrter Mann hervorgegangen ist. Einen Teil der Preisgelder stellte Hesse der Stadt Calw für Zwecke der Armen- und Schulpflege zur Verfügung. Die Stadt verlieh Hesse daraufhin zu seinem 70. Geburtstag am 2. Juli 1947 die Ehrenbürgerwürde und benannte den bei der Nikolausbrücke gelegenen Platz, auf dem bereits seit 1920 der Hesse-Brunnen stand, nach ihm. Die ebenfalls vorgeschlagene Benennung des ortsansässigen Gymnasiums nach Hesse konnte dagegen wegen verschiedener Bedenken erst zwanzig Jahre später, fünf Jahre nach Hesses Tod, realisiert werden. Es wurde dabei ins Felde geführt, daß es sich um ein naturwissenschaftliches Gymnasium handle, das nur einen Naturwissenschaftler als Paten haben könne. Es wurde aber auch, sogar im Lehrerkollegium des Gymnasiums, das Argument laut, Hesses Werke würden die Jugend verderben und seien für Schüler nicht geeignet, was deutlich die in Calw weiterhin vorhandenen Ressentiments gegen Hesse zeigte. Vielleicht wollte man die Schule auch ungern nach einem Mann benennen, der ein sehr kritisches Verhältnis zur Schule hatte (siehe *»Unterm Rad«*).

Der Grundstein für eine systematische Pflege des Hesseschen Erbes in Calw wurde zu Beginn der sechziger Jahre gelegt. Damals begann der Stadtarchivar Walter Staudenmeyer mit dem Aufbau einer Hermann-Hesse-Gedenkstätte innerhalb des Heimatmuseums der Stadt, die im Jahr 1964 eingeweiht wurde, verbunden mit der erstmaligen Verleihung einer Hermann-Hesse-Medaille. Diese Gedenkstätte ist seither Jahr für Jahr von Tausenden Hesse-Interessierten aus aller Welt aufgesucht worden.

In den siebziger Jahren nahm dann das »Internationale Hermann-Hesse-Kolloquium« in Verbindung mit der Akademie für Lehrerfortbildung in Calw seine Arbeit auf und führt seither in zweijährigem Abstand mehrtägige Veranstaltungen mit internationalen Referenten zu Hesses Leben und Werk mit wechselnden Schwerpunktthemen durch. 1989 wird eine Hermann-Hesse-Stiftung gegründet, die die zweijährliche Verleihung eines Hermann-Hesse-Preises an abwechselnd eine kreative Literaturzeitschrift oder einen verdienten Übersetzer literarischer Werke beschloß; später kam noch ein dreimonatiges Stipendiat zur Förderung von Schriftstellern hinzu.

1990 erhielt die Hesse-Sammlung, die bislang im Heimatmuseum untergebracht und durch Schenkungen und Ankäufe von Erstausgaben, Handschriften, Gemälden und Erinnerungsstücken beträchtlich erweitert worden war, auf Beschluß der Stadtväter ein eigenes, von dem Hesse-Herausgeber Volker Michels in Verbindung mit dem Designer Heiko Rogge hervorragend konzipiertes Hermann-Hesse-Museum im Haus Schüz am oberen Marktplatz, das auch die sehenswerte Galerie der Stadt Calw beherbergt (siehe S. 75 ff.). Mit diesem Schritt hat Calw es geschafft, sich endgültig als Zentrum für die große weltweite Gemeinde der Hesse-Leser zu etablieren, als »Hermann-Hesse-Stadt«, wie sie sich selbst gern bezeichnet; die Besucherzahlen des Museums und die Teilnehmerzahlen des Internationalen Hesse-Kolloquiums bestätigen dies eindrücklich.

Ankunft in Calw auf Hesses Spuren

Wer »hessegemäß« in Calw ankommen möchte, muß eigentlich mit dem Zug anreisen. Das Zugfahren, das in Calw zur Zeit von Hesses Jugend noch eine relativ neue Sache war, hat er immer sehr genossen und in seinem Werk an verschiedenen Stellen beschrieben:

»Vorsichtig langsam fuhr der Zug in großen Windungen den Hügel abwärts, und mit jeder Windung wurden Häuser, Gassen, Fluß und Gärten der unten liegenden Stadt näher und deutlicher. Bald konnte ich die Dächer unterscheiden und die bekannten darunter aussuchen, bald auch schon die Fenster zählen und die Storchennester erkennen, und während aus dem Tale mir Kindheit und Knabenzeit und tausendfache köstliche Heimaterinnerung entgegenwehte, schmolz mein übermütiges Heimkehrgefühl und meine Lust, den Leuten da drunten recht zu imponieren, langsam dahin und wich einem dankbaren Erstaunen. Das Heimweh, das mich im Laufe der Jahre verlassen hatte, kam nun in der letzten Viertelstunde mächtig in mir herauf, jeder Ginsterbusch am Bahnsteig und jeder wohlbekannte Gartenzaun ward mir wunderlich teuer, und ich bat ihn um Verzeihung, daß ich ihn so lange hatte vergessen und entbehren können.

Als der Zug über unserm Garten hinwegfuhr, stand im obersten Fenster des alten Hauses jemand und winkte mit einem großen Handtuch; das mußte mein Vater sein. Und auf der Veranda standen meine Mutter und die Magd mit Tüchern, und aus dem obersten Schornstein floß ein leichter blauer Rauch vom Kaffeefeuer in die warme Luft und über das Städtchen hinweg. Das gehörte nun alles wieder mir, hatte auf mich gewartet und hieß mich willkommen.

Am Bahnhof lief der alte bärtige Portier mit derselben Aufregung wie früher auf und ab und drängte die Leute vom Geleise weg, und unter den Leuten sah ich meine Schwester und meinen jüngeren Bruder stehen und erwartungsvoll nach mir ausblicken. Mein Bruder hatte für mein Gepäck den kleinen Handwagen mitgebracht, der die ganzen Bubenjahre hindurch unser Stolz gewesen war. Auf den luden wir meinen Koffer und Rucksack, Fritz zog an, und ich ging mit der Schwester hinterdrein. [...] Wir kamen durch die Allee von Kirsch- und Vogelbeerbäumen, am oberen Steg vorbei, an einem neuen Kaufladen und vielen alten unveränderten Häusern vorbei. Dann kam die Brückenecke, und da stand wie immer meines Vaters Haus mit offenen Fenstern, durch die ich unseren Papagei pfeifen hörte, daß mir vor Erinnerung und Freude das Herz heftig schlug. Durch die kühle, dunkle Toreinfahrt und den großen steinernen Hausgang trat ich ein und eilte die Treppe hinauf, auf der mir der Vater entgegenkam.« *Hesse, Schön ist die Jugend, GW 2, S. 351 ff.*

Leider ist die hier beschriebene Anfahrt auf der 1865-1872 erbauten Bahnlinie von Stuttgart, die mit einer großen Wendeschleife in den Calwer Talkessel hinabführt und von der einem schönste Aussichten auf die Stadt eröffnet werden, zur Zeit nicht mehr möglich. Die Deutsche Bundesbahn hat die Bahnstrecke ab Weil der Stadt im Jahr 1982 stillgelegt.

Erfreulicherweise ist aber die Anfahrt auf der anderen Bahnstrecke, der Nagoldtalbahn Horb–Calw–Pforzheim noch möglich. Auch sie hat Hermann Hesse oft benutzt, z. B. um ins Seminar nach Maulbronn zu fahren oder zu Fahrten von seinen späteren Wohnorten Tübingen und Gaienhofen nach Calw.

Dem Reisenden auf Hesses Spuren ist deshalb zu empfehlen, entweder von Norden über Pforzheim mit der Bahn durchs Nagoldtal nach Calw zu fahren oder von Süden über Horb – Nagold. Beide Bahnfahrten sind landschaftlich äußerst reizvoll. Eine andere Möglichkeit wäre die Fahrt mit der S-Bahn von Stuttgart bis Weil der Stadt und von dort mit dem Bus weiter nach Calw.

In Calw kommt der Reisende heute freilich nicht mehr auf dem alten stattlichen, etliche hundert Meter talaufwärts vom Stadtkern gelegenen Bahnhof an, den Hesse benutzt und beschrieben hat, sondern auf dem in der Stadtmitte gelegenen, 1989 eröffneten Zentralen Omnibusbahnhof (ZOB), der im obersten Stockwerk den neuen Bahnhof beherbergt. Von seiner hochgelegenen Plattform hat man aber sogleich einen beeindruckenden Panoramablick über die Dächerlandschaft der Calwer Altstadt. Und von hier aus kann ein Rundgang durch die Stadt auf Hesses Spuren zentral und bequem angegangen werden. (Wer glaubt, nur mit dem Auto in das vom Verkehr geplagte Calw anreisen zu können, findet im geräumigen Parkhaus des ZOB auch Parkmöglichkeit.)

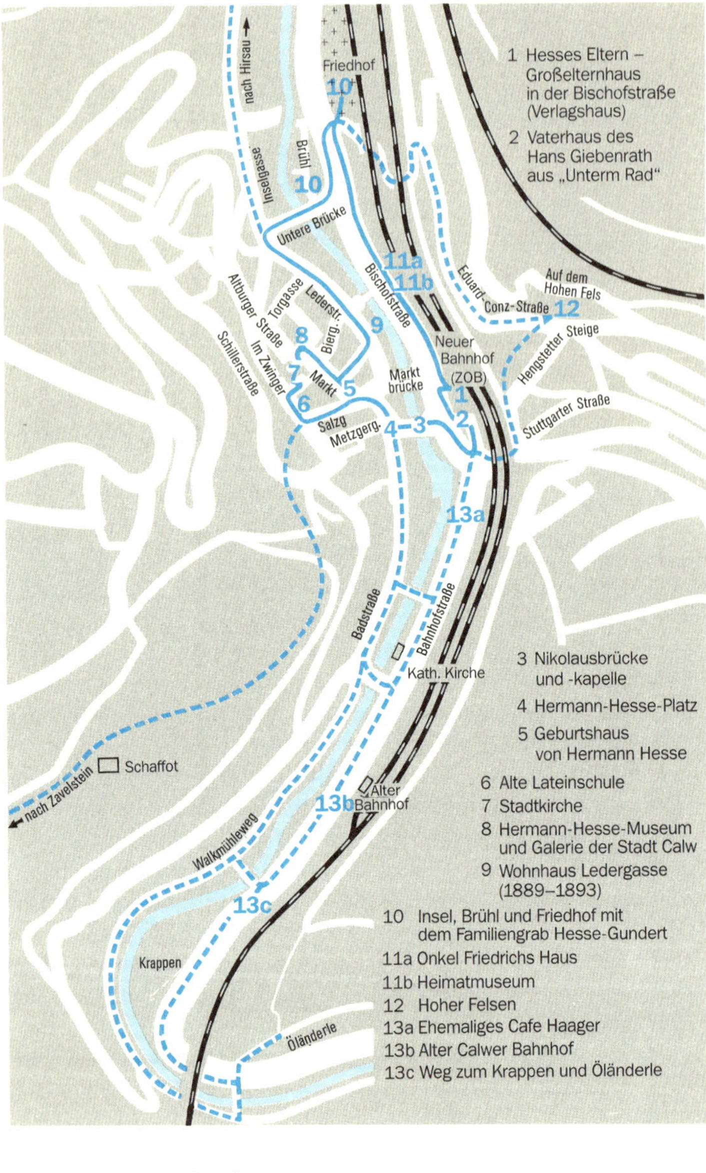
nach Hirsau
Friedhof
10
Inselgasse
Brühl
10
Untere Brücke
11a
11b
Bischofstraße
Eduard-Conz-Straße
Auf dem Hohen Fels
12
Hengstetter Steige
Stuttgarter Straße
Altburger Straße
Torgasse
Lederstr.
Bierg.
Schillerstraße
Im Zwinger
8
7
Markt
5
6
9
Markt brücke
Neuer Bahnhof (ZOB)
1
2
Salzg.
Metzgerg.
4
3
13a
Badstraße
Bahnhofstraße
Kath. Kirche
Schaffot
nach Zavelstein
13b
Alter Bahnhof
Walkmühleweg
13c
Krappen
Öländerle
1 Hesses Eltern – Großelternhaus in der Bischofstraße (Verlagshaus)
2 Vaterhaus des Hans Giebenrath aus „Unterm Rad“
3 Nikolausbrücke und -kapelle
4 Hermann-Hesse-Platz
5 Geburtshaus von Hermann Hesse
6 Alte Lateinschule
7 Stadtkirche
8 Hermann-Hesse-Museum und Galerie der Stadt Calw
9 Wohnhaus Ledergasse (1889–1893)
10 Insel, Brühl und Friedhof mit dem Familiengrab Hesse-Gundert
11a Onkel Friedrichs Haus
11b Heimatmuseum
12 Hoher Felsen
13a Ehemaliges Cafe Haager
13b Alter Calwer Bahnhof
13c Weg zum Krappen und Öländerle

Rundgang auf Hesses Spuren durch Calw

1 Hesses Elternhaus in der Bischofstraße

Um die ersten Sehenswürdigkeiten auf den Spuren Hermann Hesses zu besichtigen, braucht man die Plattform des Bahnhofs nicht einmal zu verlassen. Der neue Bahnhof liegt direkt neben Hermann Hesses langjährigem Elternhaus, dem ehemaligen Gebäude des Calwer Verlagsvereins. Heute bräuchte Hermann Hesses Gepäck also nicht mehr mit dem Handwagen am Bahnhof abgeholt zu werden (vgl. S. 32), da der Zug gewissermaßen vor der Haustüre halten würde. Das Haus liegt, wenn man mit dem Blick auf die Stadt gerichtet auf dem Bahnsteig steht, auf der linken Seite und erstreckt sich mit Hauptgebäude und Hinterhaus von der Straße bis zum Parkdeck.

In dieses Haus zog 1860 Marie Gundert, die spätere Mutter Hermann Hesses, mit ihren Eltern und Geschwistern ein, als ihr Vater zum Verlagsleiter des Calwer Verlagsvereins berufen wurde, dem das Haus damals gehörte. Hier lernte sie 1873 auch den jungen Missionar Johannes Hesse kennen, den sie 1874 heiratete und mit dem sie bis 1881 in dem Haus am Marktplatz wohnte, in dem Hermann Hesse 1877 zur Welt kam (siehe S. 62). 1886 zog die Familie Hesse von Basel kommend in den rückwärtigen Teil des Verlagsvereinshauses; im vorderen Teil wohnte nach wie vor der Großvater. Um ein eigenständigeres Leben führen zu können, tauschte die Familie Hesse 1889 die Verlagsvereinswohnung mit einer »behaglichen und sonnigen« Wohnung in der Lederstraße (siehe Station 9 des Rundgangs, S. 78f.). Nach dem Tod des Großvaters 1893 und der damit verbundenen Übernahme der Verlagsleitung durch den Vater Hesse zog die Familie jedoch wieder in das Gebäude zurück, nun in die frei gewordene Verlagsleiterwohnung im vorderen Teil. Diese Räume blieben der Wohnsitz der Familie bis 1905, dann siedelte der mittlerweile verwitwete Vater Hesse, der von der jüngeren Tochter Maria (genannt Marulla, 1880-1953) versorgt wurde, mit dieser in die pietistische Gemeinde Korntal bei Stuttgart über, wo er 1916 starb.

Vom linken Ende der Bahnsteigsplattform sieht man einen kleinen Holzanbau an das Haus, umgeben von einem terrassierten

Das Gebäude des Calwer Verlagsvereins zu Hesses Jugendzeit. Hier wohnte er mit den Eltern 1886 bis 1889 und 1893 bis 1895

Gärtchen, das vom Bahndamm begrenzt wird. Dies ist der ehemalige Garten und die vielbenutzte, 1895 auf Wunsch der Mutter angebaute Veranda der Familie Hesse. Hier schreibt Hermann Hesse 1899, zu einem kurzen Urlaub aus Tübingen nach Calw gekommen, den folgenden Brief an Helene Voigt-Diederichs, die Frau des Verlegers Eugen Diederichs, mit der er seit 1897 korrespondiert:

»Meine Freundin! Ich sitze auf der Veranda des väterlichen Hauses allein in der frühesten Morgensonne. Neben mir steigt eine breite

Wand von Kapuzinern an Bindfäden in die Höhe, die Blätter hell gelbgrün und gegen die Sonne transparent, die Blüten rot in allen Stufen, karmin, rosa, purpur, ziegelrot; die Schatten dieser Blätter und Blüten bewegen sich auf diesem Papier über den eben geschriebenen Worten, mit wechselnden Sonnenflecken gemustert, von summenden Bienen und lautlos gleitenden Schmetterlingen durchsegelt, über mir ist von Berg zu Berg über das Nagoldtal der Himmel gespannt, schmal, aber rein hellblau, von den schwarzen Rücken der Tannenwälder gesäumt. Ein Glöcklein läutet, ein ferner Eisenbahnzug wird laut, sonst ist wenig Leben in der Nähe meines Gartens. Und so sitze ich ziemlich jeden Morgen eine Weile, bis zwischen 8 und 9 Uhr. Um diese Zeit muß man sich vor der Hitze bergauf in den Wald flüchten. Dort wandere ich oder liege auf dem Rücken, meist von einer jüngeren Schwester begleitet, die mir so im Laufen und Liegen nebenher französischen Unterricht erteilt. Vor Tisch schwimme ich dann noch eine Viertelstunde in der kalten Nagold.

[...] Und nun – wie geht es Ihnen und der lieben kleinen Ruth? Ich denke viel an Sie beide. Falls Sie keine nordischen Reisepläne haben, rate ich Ihnen sehr zum Schwarzwald, der im August von Tag zu Tag schöner wird. Hirsau – Teinach – Liebenzell u.s.w. sind herrliche Kurdörflein, einfach aber sauber – und gesund! [...]

Darf ich mich auf ein Brieflein von Ihnen freuen? Adresse: H.H. in Calw (Schwarzwald). In Treue Ihr H. Hesse.«

Hesse, Kindheit und Jugend vor 1900, Band 2, S. 371 f.

Wenn man den neben dem Haus gelegenen Treppenabgang des ZOB hinabgeht, läßt sich das ganze Haus recht gut betrachten. Es hat freilich durch eine neuzeitliche Fassadengestaltung seinen früheren architektonischen Reiz fast ganz verloren. Gebaut wurde es Ende des 18. Jahrhunderts von dem herzoglich württembergischen Baumeister Reinhard Ferdinand Fischer (1746-1812), der auch die beiden schräg gegenüberliegenden stattlichen Häuser rechts und links der Durchfahrt zur Nikolausbrücke geplant hat, bei denen die klassizistische Fassade noch originaler erhalten ist.

Ab 1854 war dieses Haus der Sitz des »Calwer Verlagsvereins«, der heute noch im »Calwer Verlag« in Stuttgart weiterbesteht. In einer Stadtbeschreibung Calws von 1872 wird der »Verlagsverein«

Die Veranda der Familie Hesse am Verlagsvereinshaus heute

folgendermaßen beschrieben: »Aus kleinstem Anfang ist der Verein zu einem großen Baum gewachsen, der seine Zweige über die ganze Erde ausstreckt. Der Hauptbegründer desselben ist Dr. Barth, welcher noch als Pfarrer von Möttlingen im Jahr 1829 mit Unterstützung der Londoner Traktatgesellschaft einen Traktatverein in Calw gründete. Dieser erweiterte sich 1833 zum Calwer Verlagsverein. Zum Hauptzwecke machte sich dieser Verein, gute Schulbücher in christlichem Geist herauszugeben und möglichst billig zu verbreiten. Der ursprüngliche Zweck wurde aber erweitert und so erschienen nach und nach in der Verlagsbuchhandlung die biblischen Geschichten, die christliche Kirchengeschichte, Geschichte von Württemberg, Weltgeschichte, Reformationsgeschichte, biblische Naturgeschichte, biblische Geographie, biblische Alterthümer, Handbuch der Bibelerklärung, Missions-Geschichte und Geographie. Viele dieser Bücher sind auch in andere Sprachen übersetzt. Das verbreitetste Buch, die biblische Geschichte, welche in deutscher Sprache in mehr als 1 Million Exemplaren gedruckt wurde, ist in 64 verschiedene Sprachen übersetzt, darunter 24 europäische, 22 asiatische, 12 afrikanische, 3 amerikanische und 3 polynesische oder australische. An die Stelle von Dr. Barth trat nach dessen Tod Dr. Gundert, früher Missionar in Indien, welcher außerdem mehrere Missionsblätter und die von Dr. Barth begründeten »Jugendblätter« herausgibt.« (Aus: Eduard Hochstetter, Die Württembergische Schwarzwaldbahn von Stuttgart nach Nagold – Mit besonderer Rücksicht auf Calw. 1872, Neuauflage 1991).

Der Großvater Hermann Gundert ist für Hermann Hesse die Autoritätsperson in der Familie. Zu ihm fühlt er sich mehr hingezogen als zu allen anderen Familienangehörigen. In der Prosaskizze *»Großväterliches«* schreibt er über ihn:

»In diesem Großvater, bei dessen Tod ich sechzehnjährig war, habe ich nicht nur einen weisen und unbeschadet seiner großen Gelehrsamkeit sehr menschenkundigen alten Mann kennengelernt, sondern auch einen Nachklang, eine unter Frömmigkeit und Dienst am Reich Gottes etwas verborgene, aber doch sehr lebendig gebliebene Erbschaft von der wunderlich aus materieller Enge und geistiger Großartigkeit gemischten Schwabenwelt, die in den schwäbischen Lateinschulen, in den evangelischen Klosterseminaren und im berühmten Tübinger ›Stift‹ sich gegen zwei Jahrhunderte lang erhalten und immerzu mit wertvoller Tradition bereichert und ausgedehnt hat. Dies ist nicht bloß die Welt der schwäbischen Pfarrhäuser und Schulen, zu der auch Männer von großem Geist und vorbildlicher Seelenzucht wie Bengel, Oetinger, Blumhardt gehört haben, sondern in der auch Hölderlin, Hegel und Mörike großgeworden sind.«

Hesse, Großväterliches (1952), GW 10, S. 306 f.

Zwar konnte Hermann Gundert zuweilen auch ein unerbittlicher Patriarch sein; einer seiner Söhne ist an seiner Strenge und Härte förmlich zerbrochen, und auch sein Schwiegersohn Johannes Hesse, Hermann Hesses Vater, fühlte sich von diesem Kraftmenschen oft überfordert. Für den Enkel ist er jedoch meist ein verständnisvoller Großvater; er ist der einzige in der Familie, der Hermanns Weglaufen aus dem Maulbronner Seminar gelassen aufnimmt, wie Hesse ebenfalls in seiner Prosaskizze *»Großväterliches«* schildert:

Hermann Gundert,
Hermann Hesses gelehrter Großvater

»Für mich ist die lebendigste und köstlichste Erinnerung an ihn die folgende. Ich war nicht ganz fünfzehn Jahre alt und hatte als Schüler des Klosterseminars Maulbronn, auf einer der untersten Sprossen also jener Leiter, die zum Stift, zur Gelehrsamkeit, ins Pfarramt oder auf den schwäbischen Parnaß führt, die schwerste Krise meines Schullebens erlitten und ein kaum zu sühnendes, unbegreifliches, Schmach auf mich und meine so ehrbare Familie häufendes Verbrechen begangen: ich war davongelaufen, war einen Tag lang in den Wäldern gesucht und der Polizei gemeldet worden, hatte mir beim Übernachten auf freiem Felde bei zehn Grad Kälte beinah den Tod geholt und war nun nach meiner Entlassung aus Krankenstube und Karzer in die Ferien nach Hause gekommen, vom Seminar zwar noch nicht endgültig entlassen und ausgeschieden, aber doch in meinem Studiengang beinah hoffnungslos gefährdet. Als Verbrecher und Feind behandelt zu werden, namentlich von Seiten der Verwandtschaft, wäre mir vielleicht weniger schrecklich gewesen als die

Milde und verlegene Ängstlichkeit, mit der man mich als einen von unheimlicher und möglicherweise ansteckender Krankheit Befallenen umschlich. Einer der ersten Pflichtbesuche nun, die ich nach meiner Ankunft in der Heimat zu machen hatte, und der wichtigste und für mich schwierigste, war der beim verehrten, geliebten, im Augenblick aber auch sehr gefürchteten Großvater. Ich konnte kaum daran zweifeln, daß meine Eltern sich von diesem Besuch viel versprachen und daß sie den verehrten Alten gebeten hatten, mich auf Herz und Nieren zu prüfen und mir die Größe und zu vermutenden Folgen meines Verbrechens klarzumachen. Mein Gang zu ihm, in das liebe alte Haus und die Treppen bis zu seinem hochgelegenen sonnigen Studierzimmer hinauf, war der Gang des Sünders zum Gericht. Im großen Vorraum standen wie immer die Hunderte und Tausende von Büchern, die mich schon damals gewaltig anzogen und deren ich später so viele lesen sollte. [...]

Und so betrat ich denn furchtsam das Heiligtum, roch den Duft von Pfeifenrauch, Papieren und Tinte, sah die Sonnenlichter auf den mit Büchern, Zeitschriften, Manuskripten in vielen Sprachen bedeckten Tischen spielen und sah mir gegenüber, mit dem Rücken zur Fenster- und Sonnenseite, auf seinem alten Kanapee in sonnendurchschienener Rauchwolke den Alten sitzen und langsam von seiner Schreibarbeit aufblicken. Ich grüßte leise und gab ihm die Hand, gefaßt auf Verhör, Urteil und Verdammung. Er lächelte mit dem feinen, so vieler Sprachen kundigen Munde aus dem breiten weißen Bart hervor, und noch mehr mit den hellblauen Augen, und schon ließ die bange Spannung in mir nach, und ich spürte, daß hier nicht Urteil und Strafe auf mich warte, sondern Verständnis, Altersweisheit, Altersgeduld samt etwas Spott und Schelmerei. Und nun tat er den Mund auf und sagte: ›So, du bist's, Hermann? Ich habe gehört, du habest neulich ein Geniereisle gemacht.‹ «

Hesse, Großväterliches, GW 10, S. 308 f.

Als »Geniereisle« bezeichnete man in Württemberg damals die *»aus Übermut, Unbotmäßigkeit oder auch aus Verzweiflung unternommenen Sprünge und Abenteuer unter den Tübinger Studenten«.*

Das geschilderte Verhalten des Großvaters verwundert nicht, wenn man weiß, daß auch er in seiner Tübinger Studentenzeit manches »Geniereisle« unternommen hat. Die Jugendbiographien von Großvater und Enkel weisen überhaupt ganz erstaunliche Ähnlichkeiten auf. Hermann Gundert ist gleichfalls den Weg über das Maulbronner Seminar gegangen. Anschließend hat er in Tübingen Theologie studiert, wobei jedoch auch bei ihm das Ziel, Dichter zu werden, zeitweise sein Wunschdenken beherrschte. Er lernte Hölderlin und Nikolaus Lenau kennen, Ludwig Uhland war ihm ein väterlicher Freund. Eine Zeitlang sah es so aus, als ob er sich dem Willen seines frommen Elternhauses nicht fügen und statt Theologe Dichter werden würde. Nach einer genialischen Sturm-und-Drang-Phase im Studentenmilieu kehrte er dann aber doch durch ein Bekehrungserlebnis in den Schoß seiner frommen Familie zurück und ging 1835 nach seiner Promotion zum Dr. phil. mit einem englischen Missionar nach Indien. 1838 trat er dort zur Basler Mission über, heiratete die Basler Missionsangestellte Julie Dubois und gründete mit dieser in der Provinz Malabar an der Westküste Indiens die Missionsstation Talatscheri (heute Tellicherry im indischen Bundesstaat Kerala), wo er bis 1855 arbeitete; dann wechselte er in die indische Hauptstation der Basler Mission nach Mangalore. Während seines über zwanzig Jahre dauernden Aufenthalts in Indien wurde er zu einem der kundigsten Experten der indischen Sprachen; sein Lexikon des Malajalam gehört noch heute zu den Standardwerken der Indologie. 1857 wurde er von der englischen Kolonialregierung zum Schulinspektor für die zwei indischen Provinzen Malabar und Canara berufen. Zwei Jahre später zwang ihn allerdings eine schwere Ruhrerkrankung zur Rückkehr nach Europa, worauf der Calwer Verlagsverein bei der Basler Mission anfragte, ob Gundert nicht als Mitarbeiter und künftiger Verlagsleiter für sie arbeiten könne. Das Komitee der Basler Mission befürwortete den Antrag, und so zog Hermann Gundert 1860 nach Calw. Die Eingewöhnung in der Kleinstadt fiel ihm nicht leicht. Die Calwer Pietisten, die im Verlagsverein das Sagen hatten, beargwöhnten zunächst den weltoffenen Mann, der kein Frömmler, sondern ein Theologe, Philosoph und Sprachwissenschaftler mit zuweilen durchaus freidenkerischen Zügen war, der zudem Geselligkeiten schätzte und bis ins hohe Alter als einziger Erwachsener im Sommer in der Nagold zwischen den Schulkindern sein Bad nahm. Seine souveräne Art und sein enormes Wissen verschafften ihm jedoch bald Respekt, und er führte den Calwer Verlagsverein zu seiner Blütezeit, in der nicht nur Missionstraktätchen, sondern auch wichtige theologische und kirchengeschichtliche Werke herausgegeben wurden. In der großväterlichen Bibliothek hat Hermann Hesse seine ersten und prägenden Leseerlebnisse; diese hat er später auch in seinem Aufsatz »*Eine Bibliothek der Weltliteratur*« (GW 11, S. 364 ff.) geschildert.

Den Großvater, sein geheimnisvolles Wesen, die nicht minder geheimnisvollen Gegenstände, die er besaß, die besondere Atmosphäre des Verlagsvereinshauses sowie die anderen Familienangehörigen hat Hermann Hesse vor allem in seiner 1923 verfaßten, poetisch verklärten autobiographischen Skizze »*Kindheit des Zauberers*« beschrieben:

»*Und in der Nähe des Götzen im Glasschrank* [einer kleinen Statue des tanzenden indischen Gottes Shiva], *und in anderen Schränken des Großvaters stand und hing und lag noch vieles anderes Wesen und Geräte, Ketten aus Holzperlen wie Rosenkränze, palmblätterne Rollen mit eingeritzter alter indischer Schrift beschrieben, Schildkröten aus grünem Speckstein geschnitten, kleine Götterbilder aus Holz, aus Glas, aus Quarz, aus Ton, gestickte seidene und leinene Decken, messingene Becher und Schalen, und dieses alles kam aus Indien und aus Ceylon, der Paradiesinsel mit den Farnbäumen und Palmenufern und den sanften, rehäugigen Singhalesen, aus Siam kam es und aus Birma, und alles roch nach Meer, Gewürz und Ferne, nach Zimmet und Sandelholz, alles war durch braune und gelbe Hände gegangen, befeuchtet von Tropenregen und Gangeswasser, gedörrt von der Äquatorsonne, beschattet vom Urwald. Und alle diese Dinge gehörten dem Großvater, und er, der Alte, Ehrwürdige, Gewaltige, im weißen breiten Bart, allwissend, mächtiger als Vater und Mutter, er war im Besitz noch ganz anderer Dinge und Mächte, sein war nicht nur das indische Götter- und Spielzeug, all das Geschnitzte, Gemalte, mit Zaubern Geweihte, Kokosnußbecher und Sandelholztruhe, Saal und Bibliothek, er war auch ein Magier, ein Wissender, ein Weiser. Er verstand alle Sprachen der Menschen, mehr als dreißig, vielleicht auch die der Götter, vielleicht auch der Sterne, er konnte Pali und Sanskrit schreiben und sprechen, er konnte kanaresische, bengalische, hindostanische, singhalesische Lieder singen, kannte die Gebetsübungen der Mohammedaner und der Buddhisten, obwohl er Christ war und an den dreieinigen Gott glaubte, er war viele Jahre und Jahrzehnte in östlichen, heißen und gefährlichen Ländern gewesen, war auf Booten und in Ochsenkarren gereist, auf Pferden und Mauleseln, niemand wußte so wie er Bescheid darum, daß unsere Stadt und unser Land nur ein sehr kleiner Teil der Erde war, daß tausend Millionen Menschen anderen Glaubens waren als wir, andere Sitten, Sprachen, Hautfarben, andre Götter, Tugenden und Laster hatten als wir. Ihn liebte, verehrte und fürchtete ich, von ihm erwartete ich alles, ihm traute ich alles zu, von ihm und seinem verkleideten Gotte Pan im Gewand des Götzen lernte ich unaufhörlich. Dieser Mann, der Vater meiner Mutter, stak in einem Wald von Geheimnissen, wie sein Gesicht in einem weißen Bartwald stak, aus seinen Augen floß Welttrauer und floß heitere Weisheit, je nachdem, einsames Wissen und göttliche Schelmerei, Menschen aus vielen Ländern kannten, verehrten und besuchten ihn, sprachen mit ihm englisch, französisch, indisch, italienisch, malaiisch, und reisten nach langen Gesprächen wieder spurlos hinweg, vielleicht seine Freunde, vielleicht seine Gesandten, vielleicht seine Diener und Beauftragten. Von ihm, dem Unergründlichen, wußte ich auch das Geheimnis herstammen, das meine Mutter umgab, das Geheime, Uralte, und auch sie war lange in Indien gewesen, auch sie sprach und sang Malajalam und Kanaresisch, wechselte mit dem greisen Vater Worte und Sprüche in fremden, magischen Zungen. Und wie er, besaß auch sie zuzeiten das Lächeln der Fremde, das verschleierte Lächeln der Weisheit.*

Anders war mein Vater. Er stand allein. Weder der Welt des Götzen und des Großvaters gehörte er an, noch dem Alltag der Stadt, abseits stand er, einsam, ein Leidender und Suchender, gelehrt und gütig, ohne Falsch und voll von Eifer im Dienst der Wahrheit, aber weit weg von jenem Lächeln, edel und zart, aber klar, ohne Geheimnis. Nie verließ ihn die Güte, nie die Klugheit, aber niemals verschwand er in diese Zauberwolke des Großväterlichen, nie verlor sich sein Gesicht in diese Kindlichkeit und Göttlichkeit, dessen Spiel oft wie Trauer, oft wie feiner Spott, oft wie stumm in sich versunkene Göttermaske aussah. Mein Vater sprach mit der Mutter nicht in indi-

schen Sprachen, sondern sprach englisch und ein reines, klares, schönes, leise baltisch gefärbtes Deutsch. Diese Sprache war es, mit der er mich anzog und gewann und unterrichtete, ihm strebte ich zuzeiten voll Bewunderung und Eifer nach, allzu eifrig, obwohl ich wußte, daß meine Wurzeln tiefer im Boden der Mutter wuchsen, im Dunkeläugigen und Geheimnisvollen. Meine Mutter war voll Musik, mein Vater nicht, er konnte nicht singen.

Neben mir wuchsen Schwestern auf und zwei ältere Brüder, große Brüder, beneidet und verehrt. Um uns her war die kleine Stadt, alt und buckelig, und um sie her die waldigen Berge, streng und etwas finster, und mittendurch floß ein schöner Fluß, gekrümmt und zögernd, und dies alles liebte ich und nannte es Heimat, und im Walde und Fluß kannte ich Gewächs und Boden, Gestein und Höhlen, Vogel, Eichhorn, Fuchs und Fisch genau. Dies alles gehörte mir, war mein, war Heimat – aber außerdem war der Glasschrank und die Bibliothek da, und der gütige Spott im allwissenden Gesicht des Großvaters, und der dunkelwarme Blick der Mutter, und die Schildkröten und Götzen, die indischen Lieder und Sprüche, und diese Dinge sprachen mir von einer weiteren Welt, einer größeren Heimat, einer älteren Herkunft, einem größeren Zusammenhang. Und oben auf seinem hohen, drahtenen Gehäuse saß unser grauroter Papagei, alt und klug, mit gelehrtem Gesicht und scharfem Schnabel, sang und sprach und kam, auch er, aus dem Fernen und Unbekannten her, flötete Dschungelsprachen und roch nach Äquator. Viele Welten, viele Teile der Erde streckten Arme und Strahlen aus und trafen und kreuzten sich in unserem Haus. Und das Haus war groß und alt, mit vielen, zum Teil leeren Räumen, mit Kellern und großen hallenden Korridoren, die nach Stein und Kühle dufteten, und unendlichen Dachböden voll Holz und Obst und Zugwind und dunkler Leere. Viele Welten kreuzten ihre Strahlen in diesem Hause. Hier wurde gebetet und in der Bibel gelesen, hier wurde studiert und indische Philologie getrieben, hier wurde viel gute Musik gemacht, hier wußte man von Buddha und Lao Tse, Gäste kamen aus vielen Ländern, den Hauch von Fremde und Ausland an den Kleidern, mit absonderlichen Koffern aus Leder und aus Bastgeflecht und dem Klang fremder Sprachen, Arme wurden hier gespeist und Feste gefeiert, Wissenschaft und Märchen wohnten nah beisammen. Es gab auch eine Großmutter, die wir etwas fürchteten und wenig kannten, weil sie kein Deutsch sprach und in einer französischen Bibel las.

Vielfach und nicht überall verständlich war das Leben dieses Hauses, in vielen Farben spielte hier das Licht, reich und vielstimmig klang das Leben. Es war schön und gefiel mir, aber schöner noch war die Welt meiner Wunschgedanken, reicher noch spielten meine Wachträume. Wirklichkeit war niemals genug, Zauber tat not.«

Hesse, Kindheit des Zauberers, GW 6, S. 376 ff.

Weitere Eindrücke vom Haus und dem Leben in dem Haus in der Bischofstraße, in dem Hermann Hesse 1903/04 auch seinen Roman *»Unterm Rad«* niederschrieb (vgl. S. 28), lassen sich durch die Lektüre des Romans *»Demian«* und die Erzählung *»Kinderseele«* gewinnen.

2 Vaterhaus des Hans Giebenrath aus »Unterm Rad« und die Gasse »Zum Falken«

Die zweite Station des Rundgangs durch die Stadt ist nur wenige Meter entfernt. Wir gehen hierzu durch den in neuerer Zeit als Schutz für die Fußgänger in der Calwer Verkehrshauptschlagader Bischofstraße am ehemaligen Hesse-Wohnhaus eingebauten Kolonnadengang. Nach dem anschließenden Haus, das heute mit dem Hesse-Haus durch ein durchgehendes Ladengeschäft im Erdgeschoß verbunden ist, zu Hesses Jugendzeit aber das Postgebäude der Stadt war, kommen wir zu einem sehr schmalen Gäßchen. Dieses Gäßchen, das »Hengstetter Gäßle«, spielt in verschiedenen Erzählungen Hesses als »Zum Falken« oder »Falkengasse« eine Rolle. Das Eckhaus auf der anderen Seite des Gäßchens, das heute das Hotel garni »Alte Post« und ein chinesisches Restaurant beherbergt, ist das Haus, in dem Hesse die Familie seiner Hauptfigur Hans Giebenrath aus *»Unterm Rad«* « wohnen läßt. Wohl mit Rücksicht auf die Familie hat Hesse seinem Hans Giebenrath, der in vielen Punkten autobiographische Züge aufweist, einen Vater gegeben, der nicht Missionar und Verlagsredakteur, sondern »Zwischenhändler und Agent« ist und nicht im Gebäude des Verlagsvereins, sondern

Blick in die Bischofstraße um 1900. Rechts das Giebenrathsche Haus, dahinter das Postamt und das Verlagsvereinshaus (Hesses Elternhaus)

zwei Häuser weiter wohnt. Das Haus wurde zu Hesses Zeit tatsächlich von einem Heinrich Giebenrath bewohnt, der Bäcker und Gastwirt war und dessen Nachkommen noch heute das Haus besitzen. Parallelen zwischen diesem und der Romanfigur Joseph Giebenrath sind indes nicht nachzuweisen. Hesse ging es wohl nur darum, einen alteingesessenen Calwer Namen zu benutzen.

Das Giebenrathsche Haus und die »Falkengasse« werden in *»Unterm Rad«* wie folgt beschrieben:

»Das Giebenrathsche Haus stand nahe bei der alten steinernen Brücke und bildete die Ecke zwischen zwei sehr verschiedenartigen Gassen. Die eine, zu welcher das Haus gerechnet wurde und gehörte, war die längste, breiteste und vornehmste der Stadt und hieß Gergasse. Die zweite führte jäh bergan, war kurz, schmal und elend und hieß »Zum Falken«, nach einem uralten, längst eingegangenen Wirtshaus, dessen Schild ein Falke gewesen war.

In der Gerbergasse [gemeint ist die Bischofstraße/Bahnhofstraße, also die heutige Hauptdurchfahrtsstraße Calws von den Bahnbrücken am Beginn der Stuttgarter Straße bis zum Brühl] *wohnten*

Haus an Haus lauter gute, solide Altbürger, Leute mit eigenen Häusern, eigenen Kirchenplätzen und eigenen Gärten, die sich hinterwärts in Terrassen steil bergan zogen und deren Zäune an den Anno siebzig errichteten, mit gelbem Ginster bewachsenen Bahndamm stießen. An Vornehmheit konnte mit der Gerbergasse nur noch der Marktplatz wetteifern, wo Kirche, Oberamt, Gericht, Rathaus und Dekanat standen und in ihrer reinlichen Würde durchaus einen städtisch noblen Eindruck machten. Amtshäuser hatte nun zwar die Gerbergasse keine, aber alte und neue Bürgerwohnungen mit stattlichen Haustüren, hübsche altmodische Fachwerkhäuschen, nette, helle Giebel; und es verlieh ihr eine Fülle von Freundlichkeit, Behagen und Licht, daß sie [im unteren Teil] *nur eine Häuserreihe besaß, denn jenseits der Straße lief am Fuß einer mit Balkenbrüstungen versehenen Mauer der Fluß dahin.*

War die Gerbergasse lang, breit, licht, geräumig und vornehm, so war der »Falken« das Gegenteil davon. Hier standen schiefe finstere Häuser mit fleckigem und bröckelndem Verputz, vorhängenden Giebeln, vielfach geborstenen und geflickten Türen und Fenstern, mit krummen Kaminen und schadhaften Dachrinnen. Die Häuser raubten einander Raum und Licht, und die Gasse war schmal, wunderlich gebogen und in ewige Dämmerung gehüllt, die bei Regenwetter oder nach Sonnenuntergang sich in eine feuchte Finsternis verwandelte. Vor allen Fenstern war an Stangen und Schnüren stets eine Menge Wäsche aufgehängt; denn so klein und elend die Gasse war, so viele Familien hausten darin, von all den Aftermietern und Schlafgängern gar nicht zu reden. Alle Winkel der schiefen, alternden Häuser waren dicht bewohnt, und Armut, Laster und Krankheit waren dort ansässig. Wenn der Typhus ausbrach, so war es auch dort, und wenn in der Stadt ein Diebstahl vorkam, suchte man zuerst im »Falken«. Umherziehende Hausierer hatten dort ihre Absteigquartiere, unter ihnen der drollige Putzpulverhändler Hottehotte und der Scherenschleifer Adam Hittel, dem man alle Verbrechen und Laster nachsagte.« *Hesse, Unterm Rad, GW 2, S. 127 ff.*

Hermann Hesse beschreibt im folgenden ausführlich einige der eigenartigen Bewohner der Gasse, mit denen Hans in Kontakt kommt. Zum großen Teil sind es vom Dichter erfundene Gestalten, die im wirklichen Leben keine genaue Entsprechung hatten oder wenigstens als solche nicht »aktenkundig« nachzuweisen sind. Eine der Personen, die er erwähnt und der er sogar eine ganze Erzählung gewidmet hat (siehe S. 122), hat aber tatsächlich existiert: der kleine verwachsene Putzmittelhausierer Hottehotte Putzpulver, der mit bürgerlichem Namen Hartmann hieß.

Trotz des Verbots der Eltern, sich mit ihnen einzulassen, übten die Bewohner des verrufenen Armenviertels auf Hermann Hesse eine magische Anziehungskraft aus, und er trieb sich dort nicht selten heimlich herum. Dort passierten die spannenderen Dinge, dort wurden die interessanteren und verwegeneren Knabenspiele gespielt. In der Einleitung zu *»Demian. Die Geschichte von Emil Sinclairs Jugend«*, die die Überschrift *»Zwei Welten«* trägt, beschreibt Hesse den Widerspruch zwischen der bürgerlichen, behüteten Welt des Elternhauses und jener anderen Welt, die nur wenige Schritte entfernt existierte:

»Ich beginne meine Geschichte mit einem Erlebnis der Zeit, wo ich zehn Jahre alt war und in die Lateinschule unseres Städtchens ging.

Viel duftet mir da entgegen und rührt mich von innen mit Weh und mit wohligem Schauern an, dunkle Gassen und helle Häuser und Türme, Uhrschläge und Menschengesichter, Stuben voll Wohnlichkeit und warmem Behagen, Stuben voll Geheimnis und tiefer Gespensterfurcht. Es riecht nach warmer Enge, nach Kaninchen und Dienstmägden, nach Hausmitteln und getrocknetem Obst. Zwei Welten liefen dort durcheinander, von zwei Polen her kamen Tag und Nacht.

Die eine Welt war das Vaterhaus, aber sie war sogar noch enger, sie umfaßte eigentlich nur meine Eltern. Diese Welt war mir großenteils wohlbekannt, sie hieß Mutter und Vater, sie hieß Liebe und Strenge, Vorbild und Schule. Zu dieser Welt gehörte milder Glanz, Klarheit und Sauberkeit, hier waren sanfte freundliche Reden, gewaschene Hände, reine Kleider, gute Sitten daheim. Hier wurde der Morgenchoral gesungen, hier wurde Weihnacht gefeiert. In dieser Welt gab es gerade Linien und Wege, die in die Zukunft führten, es gab Pflicht und Schuld, schlechtes Gewissen und Beichte, Verzeihung und gute Vorsätze, Liebe und Verehrung, Bibelwort und Weisheit. Zu dieser

Welt muß man sich halten, damit das Leben klar und reinlich, schön und geordnet sei.

Die andere Welt indessen begann schon mitten in unserem eigenen Hause und war völlig anders, roch anders, sprach anders, versprach und forderte anders. In dieser zweiten Welt gab es Dienstmägde und Handwerksburschen, Geistergeschichten und Skandalgerüchte, es gab da eine bunte Flut von ungeheuren, lockenden, furchtbaren, rätselhaften Dingen, Sachen wie Schlachthaus und Gefängnis, Betrunkene und keifende Weiber, gebärende Kühe, gestürzte Pferde, Erzählungen von Einbrüchen, Totschlägen, Selbstmorden. Alle diese schönen und grauenhaften, wilden und grausamen Sachen gab es ringsum, in der nächsten Gasse, im nächsten Haus, Polizeidiener und Landstreicher liefen herum. Betrunkene schlugen Weiber, Knäuel von jungen Mädchen quollen abends aus den Fabriken, alte Frauen konnten einen bezaubern und krank machen, Räuber wohnten im Wald, Brandstifter wurden von Landjägern gefangen – überall quoll und duftete diese zweite, heftige Welt, überall nur nicht in unsern Zimmern, wo Mutter und Vater waren. Und das war sehr gut. Es war wunderbar, daß es hier bei uns Frieden, Ordnung und Ruhe gab, Pflicht und gutes Gewissen, Verzeihung und Liebe – und wunderbar, daß es auch alles andere gab, alles das Laute und Grelle, Düstere und Gewaltsame, dem man noch mit einem Sprung zur Mutter entfliehen konnte.

Und das Seltsamste war, wie die beiden Welten aneinander grenzten, wie nah sie beisammen waren! Zum Beispiel unsere Dienstmagd Lina, wenn sie am Abend bei der Andacht in der Wohnstube bei der Türe saß und mit ihrer hellen Stimme das Lied mitsang, die gewaschenen Hände auf die glattgestrichene Schürze gelegt, dann gehörte sie ganz zu Vater und Mutter, zu uns, ins Helle und Richtige. Gleich darauf in der Küche oder im Holzstall, wenn sie mir die Geschichte vom Männlein ohne Kopf erzählte, oder wenn sie beim Metzger im kleinen Laden mit den Nachbarweibern Streit hatte, dann war sie eine andere, gehörte zur anderen Welt, war von Geheimnis umgeben. Und so war es mit allem, am meisten mit mir selber.«

Hesse, Demian, GW 5, S. 9 f.

Im Anschluß an diese Ausführungen erzählt er die Geschichte, wie er einmal mit den wilden Gassenbuben aus der *»anderen Welt«* mittun wollte, um ihnen zu imponieren eine Geschichte von gestohlenen Äpfeln erfand und gleich zur Zahlung von Schutzgeldern erpreßt wurde.

Es gibt in Hesses Calwer Erzählungen noch eine ganze Reihe, die ganz oder teilweise im Milieu der armen Leute, der an den Rand der Gesellschaft Gedrängten spielen. Neben den bereits erwähnten Werken *»Unterm Rad«*, *»Demian«* und *»Hottehotte Putzpulver«* finden sich solche Episoden auch z.B. in *»Knulp«*, *»Kinderseele«* und *»In der alten Sonne«*. In größerem Rahmen spielt das Thema der zwei Welten auch in Hesses wohl bedeutendstem Roman *»Der Steppenwolf«* eine wichtige Rolle.

Die Falkengasse weist heute nicht mehr das in ein Dämmerlicht getauchte überbevölkerte Häusergewirr der Hesse-Zeit auf, aber *»schmal und wunderlich gebogen«* ist sie immer noch, und an einigen Stellen kann man sich noch vorstellen, wie sie um die Jahrhundertwende aussah. Der Gang durch die Gasse, die in einem Bogen zur Hauptstraße zurückführt, lohnt sich auch von daher, daß man gleich nach wenigen Metern einen schönen Blick auf die rückwärtige Dachlandschaft des Elternhauses von Hesse, die oben angebaute, rot gestrichene Veranda und das anschließende Gärtchen werfen kann.

3 Die Nikolausbrücke mit der Nikolauskapelle

Die nächste Etappe des Rundgangs führt uns zu Hermann Hesses Lieblingsplatz in Calw: Genau gegenüber vom Giebenrathhaus und dem Eingang zur »Falkengasse« führt die Nikolausbrücke über die Nagold in den eigentlichen Stadtkern hinein. Die malerische dreibogige Buntsandsteinbrücke mit der aus demselben einheimischen Material erbauten Brückenkapelle wurde um 1400 errichtet und ist das älteste erhaltene Bauwerk der Stadt. Die Kapelle ist dem Heiligen Nikolaus, dem Schutzpatron der Flößer, geweiht. In den links und rechts des Kapellenportals angebrachten Nischen stehen ein Flößer und ein Tuchmacher als Repräsentanten der in alter Zeit wichtigsten Gewerbe der Stadt. Im Innern der Kapelle sind in die

Calws Wahrzeichen: Die um 1400 erbaute Nikolausbrücke mit der dem Flößerpatron Sankt Nikolaus geweihten Brückenkapelle

bunten Glasfenster die Wappen der alteingesessenen Bürgerfamilien der Stadt eingearbeitet, u.a. auch das der Familie Gundert. Eine Tafel mit einem Spruch bittet darum, die Stadt vor verheerenden Überschwemmungen, wie gerade in den Tagen der Niederschrift dieser Zeilen wieder geschehen, und Zerstörungen, wie im Dreißigjährigen Krieg und nochmals 1692 durch das Heer Ludwigs XIV. vorgekommen, zu bewahren.

»Das ist mir der liebste Platz im Städtchen, der Domplatz von Florenz ist mir nichts dagegen«, schreibt Hermann Hesse über diesen pittoresken Ort (vgl. S. 11). Auch heute noch vermag diese Brücke, einst die Hauptverkehrsbrücke Calws, jetzt ganz den Fußgängern vorbehalten und ein Ort der Muse, einzigartig die Beschaulichkeit des alten Städtchens zu vermitteln. Zwar ist flußabwärts das linke Ufer völlig neuzeitlich überbaut, aber dahinter steigt die alte Dächerlandschaft mit dem hohen Kirchturm auf, und auf der rechten Seite der Brücke steht noch das große, verwinkelte Brücken-

haus; darüber sieht man den Hohen Felsen, hoch über dem Elternhaus, wo sich Hermann Hesse gerne aufgehalten hat (siehe S. 91 ff.), und weiter unten leuchtet die Reihe der alten Fachwerkhäuser an der Bischofstraße. Flußaufwärts lag rechterhand die Badwiese der Stadt, auf dem Wehr wurde winters Schlittschuh gelaufen, am Ufer wässerten die Gerber ihre Felle, ab und zu kam ein Floß auf seinem Weg in den Neckar und Rhein herab, und in den Ufergebüschen trieb sich, wann immer die Zeit es zuließ, der angelbegeisterte Hermann mit seiner Angelrute herum.

Die Bedeutung, die die Nagold für Hermann Hesse gehabt hat, ist an vielen Stellen seines Werkes bezeugt. So heißt es z.B in *»Unterm Rad«*:

»Langsam schlenderte Hans Giebenrath über den Marktplatz, am alten Rathaus vorüber, durch die Marktgasse und an der Messerschmiede vorbei zur alten Brücke. Dort bummelte er eine Weile auf und ab und setzte sich schließlich auf die breite Brüstung. Wochen- und monatelang war er Tag für Tag seine vier Mal hier vorbeigegangen und hatte keinen Blick für die kleine gotische Brückenkapelle gehabt, noch für den Fluß, noch für die Stellfalle, Wehr und Mühle, nicht einmal für die Badwiese und für die weidenbestandenen Ufer, an denen ein Gerberplatz neben dem anderen lag, wo der Fluß tief, grün und still wie ein See stand und wo die gebogenen, spitzen Weidenäste bis ins Wasser hinabhingen.

Nun fiel ihm wieder ein, wieviele halbe und ganze Tage er hier verbracht, wie oft er hier geschwommen und getaucht und gerudert und geangelt hatte. Ach, das Angeln! Das hatte er nun auch fast verlernt und vergessen, und im vergangenen Jahr hatte er so bitterlich geheult, als es ihm verboten worden war, der Examensarbeit wegen. Das Angeln! Das war doch das Schönste in all den langen Schuljahren gewesen. Das Stehen im dünnen Weidenschatten, das nahe Rauschen der Mühlenwehre, das tiefe ruhige Wasser! Und das Lichterspiel auf dem Fluß, das sanfte Schwanken der langen Angelrute, die Aufregung beim Anbeißen und Ziehen und die eigentümliche Freude, wenn man einen kühlen, feisten, schwänzelnden Fisch in der Hand hielt.« *Hesse, Unterm Rad, GW 2, S. 13*

Neben dem Angeln faszinierte Hermann Hesse auch die Flößerei, die bis zur Jahrhundertwende auf der Nagold betrieben wurde. In der Erzählung »*Die Floßfahrt*« hat er 1928 seine damit verbundenen Jugenderlebnisse rückblickend geschildert:

»Durch meine Vaterstadt im Schwarzwald floß ein Fluß, ein Fluß, an dem damals nur erst ganz wenige Fabriken standen, wo es viele alte Mühlen und Brücken, Schilfufer und Erlengehölze, wo es viele Fische und im Sommer Millionen von dunkelblauen Wasserjungfern gab. Es ist mir unbekannt, wie sich die Fische und die Wasserjungfern zwischen dem zunehmenden Zementgemäuer der Ufer und den zunehmenden Fabriken gehalten haben, vielleicht sind sie noch immer da. Vermutlich längst verschwunden aber ist etwas, was es damals auf dem Fluße gab, etwas Schönes und Geheimnisvolles, etwas Märchenhaftes, etwas vom Allerschönsten, was dieser schöne sagenhafte Fluß besaß: die Flößerei. Damals, zu unseren Zeiten, wurden die Schwarzwälder Tannenstämme den Sommer über in gewaltigen Flößen alle die kleinen Flüsse bis nach Mannheim und zuweilen noch bis nach Holland hinunter auf dem Wasser befördert, die Flößerei war ein eigenes Gewerbe, und für jedes Städtchen war im Frühjahr das Erscheinen des ersten Floßes noch wichtiger und merkwürdiger als das der ersten Schwalben.

Ein solches Floß (das aber auf Schwäbisch nicht »das Floß« hieß, sondern »der Flooz«) bestand aus lauter langen Tannen- und Fichtenstämmen, sie waren entrindet, aber nicht weiter zugehauen, und das Floß bestand aus einer größeren Anzahl von Gliedern. Jedes Glied umfaßte etwa acht bis zwölf Stämme, die an den Enden verbunden waren, und an jedem Glied hing das nächste Glied elastisch, mit Weiden gebunden, so daß das Floß, war es auch noch so lang, mit seinen beweglichen Gliedern sich den Krümmungen des Flusses anschmiegen konnte. Dennoch passierte es nicht selten, daß ein Floß stecken blieb, eine aufregende Sache für die ganze Stadt und ein hohes Fest für die Jugend. Die Flößer, wegen ihres Mißgeschicks von den Brücken herab und aus den Fenstern der Häuser vielfach verhöhnt, waren wütend und hatten fieberhaft zu arbeiten, wateten schimpfend bis zum Bauch im Wasser, schrien und zeigten die ganze berühmte Wildheit und Rauhigkeit ihres Standes; noch ärgerlicher

Alte, heute verschwundene Calwer Häuser an der Nagold unterhalb der Nikolausbrücke

und böser waren die Müller und Fischer, und alles, was am Ufer sein Leben und seine Arbeit hatte, namentlich die vielen Gerber, rief den Flößern Scherzworte oder Schimpfworte zu. War das Floß unter einem offenen Schleusentor steckengeblieben, dann trabten und schimpften die Müller ganz besonders, und es gab dann zuweilen für uns Knaben ein besonderes Glück: das Flußbett rann eine Strecke beinahe leer, und unterhalb der Wehre konnten wir dann die Fische mit der Hand fangen, die breiten, glänzenden Rotaugen, die schnellen, stacheligen Barsche und etwa auch ein Neunauge.

Die Flößer gehörten offensichtlich zu den Unseßhaften, Wilden, Wanderern, Nomaden, und Floß und Flößer waren bei den Hütern der Sitte und Ordnung nicht wohlgelitten. Umgekehrt war für uns Knaben, sooft ein Floß erschien, Gelegenheit zu Abenteuern, Aufregungen und Konflikten mit jenen Ordnungsmächten. So wie zwischen Müllern und Flößern ein ewiger Krieg bestand, in dem ich stets zur Partei der Flößer hielt, so bestand bei unseren Lehrern, Eltern, Tanten eine Abneigung gegen das Flößerwesen, und ein Bestreben, uns mit ihm möglichst wenig in Berührung kommen zu lassen. Wenn einer von uns zu Hause mit einem recht unflätigen Wort, einem meterlangen Fluch aufwartete, dann hieß es bei den Tanten, das habe man natürlich wieder bei den Flößern gelernt. Und an manchem Tage, der durch die Durchreise eines Floßes uns zum Fest geworden war, gab es väterliche Prügel, Tränen der Mutter, Schimpfen des Polizisten. Eine schöne Sage, die wir Knaben über alles liebten, war die von einem kleinen Buben, der einst wider alle Verbote ein Floß bestiegen und damit bis nach Holland und ans Meer gekommen sei und erst nach Monaten sich wieder bei seinen trauernden Eltern eingefunden habe. Es diesem Märchenknaben gleichzutun, war jahrelang mein innigster Wunsch.

Weit öfter, als mein guter Vater ahnte, bin ich als kleiner Bub für kurze Strecken blinder Passagier auf einem Floß gewesen. Es war streng verboten, man hatte nicht nur die Erzieher und die Polizei gegen sich, sondern meistens auch die Flößer. Schöneres und Spannenderes gibt es für einen Knaben nicht auf der Welt, als eine Floßfahrt. Denke ich daran, so kommt mit hundert zauberhaften Düften die ganze Heimat und Vergangenheit herauf. Ein vorüberfahrendes Floß besteigen konnte man entweder vom Laufsteg eines Schleusentors, einer sogenannten »Stellfalle« aus – das galt für schneidig und forderte einigen Mut, oder aber vom Ufer aus, was oft gar nicht schwierig war, aber doch jedesmal mit einem halben oder ganzen Bad bezahlt werden mußte. Am besten noch ging es an ganz warmen Sommertagen, wenn man ohnehin sehr wenig Kleider und weder Schuhe noch Strümpfe anhatte. Dann kam man leicht aufs Floß, und wenn man Glück hatte und sich vor den Flößern verbergen konnte, war es wunderbar, ein paar Meilen weit zwischen den grünen stillen Ufern den Fluß hinunterzufahren, unter den Brücken und Stellfallen hindurch.

Während des Fahrens aber, wenn nicht gerade ein Flößer freundlich war und einen auf einen Bretterstoß setzte, bekam man sehr bald die Unbilden des beneideten Flößerhandwerks zu kosten. Man stand unsicher auf den glitschigen Stämmen, zwischen denen das Wasser ununterbrochen heraufspritzte, man war naß bis auf die Knochen, und wenn es nicht sonderlich sommerlich war, fing man stets bald an zu frieren. Und dann kam der Augenblick näher, wo man das rasch fahrende Floß wieder verlassen mußte, es ging gegen

Letzte Floßfahrt auf der Nagold durch Calw im Jahr 1910

den Abend, man schlotterte vor nasser Kühle, und man war bis in eine Gegend mitgefahren, wo man die Ufer nicht mehr so genau kannte wie zu Hause. Nun galt es eine Stelle zu erspähen und unverweilt mit raschem Entschluß zu benützen, wo ein Absprung ans Land möglich schien – meistens gab es in diesem letzten Augenblick nochmals ein Bad, auch war es oft gefährlich, und hie und da passierte ein Unglück; auch mir ist bei diesem Anlaß einst der Schauder der Todesgefahr bekannt geworden.

Und wenn man dann glücklich wieder an Land war, Erde und Gras unter den Füßen hatte, dann war es weit, zuweilen sehr weit nach Hause zurück, man stand in nassen Schuhen, nassen Kleidern, man hatte die Mütze verloren, und nun spürte man nach dem glitschigen Stehen auf den nassen Baumstämmen eine Schwäche in den Waden und Knien und mußte doch noch eine Stunde oder zwei oder mehr zu Fuß laufen, und alles nur, um dann von schluchzenden Müttern, entsetzten Tanten und einem todernsten Vater empfangen zu werden, welche dem Herrn dafür dankten, daß er wider Verdienst den entarteten Knaben hatte heil entrinnen lassen.

Schon in der Kindheit war es so: man bekam nichts geschenkt, man mußte jedes Glück bezahlen. Und wenn ich heute nachrechne, in was das Glück einer solchen Floßfahrt eigentlich bestand, wenn ich alle Beschwerden, Anstrengungen, Unbilden abziehe, so bleibt wenig übrig. Aber dieses wenige ist wunderbar; ein stilles, rasch und erregend ziehendes Fahren auf dem kühlen, laut rauschenden Fluß, zwischen lauter spritzendem Wasser, ein traumhaftes Hinwegfahren unter den Brücken, durch dicke, lange Gehänge von Spinnweben, träumerische Augenblicke des Versinkens in ein unsäglich seliges Gefühl von Wanderung, von Unterwegssein, von Entronnensein und Indiewelthineinfahren, mit der Perspektive zum Neckar und zum Rhein und nach Holland hinunter – und dies wenige, diese mit Nässe, Frieren, mit Schimpfworten der Flößer, Predigten der Eltern bezahlte Seligkeit wog doch alles auf, war doch alles wert, was man dafür geben mußte. Man war ein Flößer, man war ein Wanderer, ein Nomade, man schwamm an den Städten und Menschen vorbei, still, nirgends hingehörig, und fühlte im Herzen die Weite der Welt und ein sonderbares Heimweh brennen. O nein, es war gewiß nicht zu teuer bezahlt.« *Hesse, Floßfahrt, GE, Band 4, S. 185 ff.*

Im Winter bot die Nagold dann noch eine weitere Herrlichkeit: das Schlittschuhlaufen. In der kleinen Erzählung *»Auf dem Eise«* schildert er dieses:

»Ich kann das merkwürdige, gruselig-entzückte Gefühl nicht vergessen, mit dem ich am ersten bitterkalten Morgen den Fluß betrat, denn er war tief und das Eis war so klar, daß man wie durch eine dünne Glasscheibe unter sich das grüne Wasser, den Sandboden mit Steinen, die phantastisch verschlungenen Wasserpflanzen und zuweilen den dunklen Rücken eines Fisches sah.

Halbe Tage trieb ich mich mit meinen Kameraden auf dem Eise herum, mit heißen Wangen und blauen Händen, das Herz von der starken rhythmischen Bewegung des Schlittschuhlaufs energisch geschwellt, voll von der wunderbaren gedankenlosen Genußkraft der Knabenzeit. Wir übten Wettlauf, Weitsprung, Hochsprung, Fliehen und Haschen […]

Am liebsten lief ich allein, oft bis zum Einbruch der Nacht. Ich sauste dahin, lernte im raschesten Schnellauf an jedem beliebigen

Punkte halten oder wenden, schwebte mit Fliegergenuß balancierend in schönen Bogen. Viele von meinen Kameraden benutzten die Zeit auf dem Eise, um Mädchen nachzulaufen und zu hofieren. Für mich waren die Mädchen nicht vorhanden.«

Hesse, Auf dem Eise, GE 4, S. 307 f.

Wie sich letzteres dann doch ändert und der dreizehnjährige Hermann Hesse sein erstes amouröses Abenteuer auf dem Eis der Nagold besteht, kann man im weiteren Verlauf der Geschichte nachlesen, die auf S. 117ff. in einer frühen Fassung abgedruckt ist.

4 Der Hermann-Hesse-Platz

Am jenseitigen Ende der Nikolausbrücke öffnet sich der hübsche kleine Platz, der heute nach Hermann Hesse benannt ist. Der zierliche Buntsandsteinbrunnen trägt eine Reliefplakette mit dem Kopf des Dichters, die nach der Nobelpreisverleihung angebracht wurde.

Vom Hermann-Hesse-Platz gehen drei Straßen ab: links die Badstraße, geradeaus die Metzgergasse und rechts die Marktstraße.

Gleich am Beginn der Badstraße, nach dem ersten Haus auf der rechten Seite, führt ein Treppengang zu einem zurückgesetzten Gebäude mit einem alten Rundportal hoch. Dieser düster-malerische Winkel ist in der Erzählung *»Der Mohrle«* beschrieben:

»Der Schlosser Mohr, Hermann Mohrs Vater, wohnte am Eingang der Badgasse in einem alten, merkwürdigen und etwas finsteren Hause, zu dem ein steiler, gepflasterter Aufstieg und dann noch einige Stufen aus rotem Sandstein hinanführten. Neben dem Tor der Schlosserwerkstatt, die ich nie betreten habe, führte dicht hinter der Haustür eine steile, enge Treppe zur Wohnung hinauf [...].«

Hesse, Der Mohrle, GW 10, 115

Durch die Metzgergasse könnte man einen Abstecher zum Schießberg machen, wo auf dem Platz des alten Hermann-Hesse-Gymnasiums einst das in der Erzählung *»In der alten Sonne«* beschriebene Armenasyl stand.

5 *Durch die Marktstraße zum Marktplatz mit Hesses Geburtshaus*

Vom Hermann-Hesse-Platz setzen wir den Rundgang nach rechts in die Marktstraße fort. Wir befinden uns dabei ganz unmittelbar auf den Spuren Hesses, denn den bislang beschrittenen Weg über die Nikolausbrücke und durch die Marktstraße ist er zwischen 1886 und 1889 täglich von seinem Elternhaus in der Bischofstraße kommend zur Schule hinter dem Rathaus gegangen und 1894/95 zur Perrotschen Mechanikwerkstatt in der oberen Ledergasse.

Die Marktstraße hat seit Hesses Zeit einige Veränderungen erfahren. Das große doppelgiebelige Fachwerkhaus auf der rechten Seite, in dem die Kreissparkasse untergebracht ist, ist ein Produkt postmoderner Fassadenkunst, mit der ein prosaischer Flachdachbau, dem in den 60er Jahren mehrere kleine spitzgiebelige Häuser geopfert worden waren, kaschiert und wieder in die Umgebung eingepaßt wurde. Deutlicher erkennbar ist die Bresche, die der am Ende der Marktstraße querstehende »Calwer Markt« in die alte Bausubstanz geschlagen hat. Zwar kann man sagen, wenn man die modernen Waschbetonbauten in anderen Städten vor Augen hat, daß die Überbauung hier durch die Gliederung des Baukomplexes einigermaßen erträglich ausgefallen ist; wer sich aber noch an das schöne zweigiebelige Haus erinnern kann, das hier einmal stand, wird doch ein gewisses ästhetisches Mißbehagen nicht ganz unterdrücken können. – Wie würde wohl Hermann Hesse auf diesen Neubau reagieren? Mit Trauer und Kritik oder mit dem Verständnis, das sein August Schlotterbeck in der Erzählung *»Die Heimkehr«* für die Neuerungen im Städtchen aufbringt, als er nach langer Abwesenheit in der Fremde heimkommt:

»Die Neuerungen in der Stadt gefielen ihm nicht übel. Er fand, es sei auch hier Arbeit und Bedürfnis gewachsen, wenn auch mit Maß, und sowohl die Gasanstalt wie das neue Volksschulhaus fand seine Billigung. Die Bevölkerung schien ihm, der dafür in der Welt ein Auge bekommen hatte, recht wohlerhalten, ob auch nicht mehr so ungemischt wie vor Zeiten, da die Enkel von Zugewanderten noch durchaus für Fremde gegolten hatten.« *Hesse, Die Heimkehr, GW 3, S. 316f.*

Hermann Hesses Geburtshaus gegenüber vom Rathaus.
Hier wird er 1877 im zweiten Stock im Zimmer
hinter den beiden linken Fenstern geboren

Wenn man direkt vor dem »Calwer Markt« steht, sieht man links oben bereits einen Teil des Marktplatzes mit dem stattlichen Rathaus. Von der anderen, zur Nagold gelegenen Seite mündet die neuzeitliche Marktbrücke, die zur Entbindung der Nikolausbrücke vom Autoverkehr gebaut wurde, und auch die Lederstraße in die Marktstraße ein. Am Beginn der Lederstraße liegt die Einfahrt zum Parkhaus des »Calwer Marktes«. Etwa an dieser Stelle stand zu Hesses Jugendzeit eine alte Mühle, in welcher der Mechanikermeister Heinrich Perrot einen Werkstattraum eingerichtet hatte. Hier absolvierte Hermann Hesse 1894/95 seine vierzehnmonatige Mechanikerlehre.

Doch nun sollte man nicht länger verweilen, sondern zum Marktplatz hinaufgehen, wo die Hesse-Zeit noch an vielen Ecken lebendig ist, und zwar zuerst zum Rathaus, das auf Pfeilern über einer großen offenen Halle erbaut ist, die früher als Markthalle diente. Sobald man unter einem der großen Bogen steht und auf die gegenüberliegende Seite des Platzes schaut, blickt man direkt auf das

Geburtshaus Hermann Hesses. Im Erdgeschoß ist, wie schon zu Hesses Jugendzeit, ein Ladengeschäft untergebracht. Neben dem Eingang weist eine Plakette auf die Bedeutung des Hauses hin.

Gleich nach ihrer Verheiratung im Jahr 1874 waren die Eltern Hesse mit den beiden Söhnen aus Marie Hesses erster Ehe in die schöne Wohnung im zweiten Stock dieses Hauses eingezogen. Hier wurde zunächst 1875 die Tochter Adele geboren, und zwei Jahre später, am 2. Juli 1877, erblickt in dem Zimmer hinter den beiden linken Fenstern Hermann Hesse das Licht der Welt. Mutter Hesse notiert im Tagebuch:

»Am Montag, den 2. Juli 1877, nach schwerem Tag, schenkt Gott in seiner Gnade abends halb sieben Uhr das heiß ersehnte Kind, unsern Hermann, ein sehr großes, schweres, schönes Kind, das gleich Hunger hat, die hellen, blauen Augen nach der Helle dreht und den Kopf selbständig dem Licht zuwendet, ein Prachtexemplar von einem gesunden, kräftigen Burschen. Heute, 20. Juli, nach achtzehn Tagen, schreibe ich dies. Bin wieder fast den ganzen Tag auf, nur noch sehr schwach und steif in den Beinen. Der Kleine ist sehr brav, kommt bloß einmal nachts und schläft bei Tag sechs Stunden in einem Strich. Johnny ist so glücklich mit seinem Sohn, und die drei Kinder jubeln übers Brüderlein.«

Marie Hesse. Ein Lebensbild, S. 160

Noch drei weitere Geschwister kommen in den nächsten drei Jahren in diesem Haus auf die Welt; doch es bleibt der Familie nur die 1880 geborene Maria, die in der Familie Marulla gerufen wird; die beiden 1878 und 1879 geborenen Geschwisterchen Paul und Gertrud sterben beide wenige Monate nach der Geburt an Kinderkrankheiten.

1881 erhält der Vater Hesse einen Ruf ans Basler Missionshaus, wo er unterrichten und das Missionsmagazin herausgeben soll, worauf die Familie im April nach Basel umzieht. Das jüngste Geschwister, der Bruder Hans, wird bereits in Basel geboren.

Einen kleinen Eindruck vom Leben auf dem Calwer Marktplatz zu Hermann Hesses Kinderzeit vermag eine kurze Szene aus der Erzählung *»Unterbrochene Schulstunde«* zu vermitteln:

Der Calwer Marktplatz zu Beginn unseres Jahrhunderts. Gegenüber vom Rathaus das Geburtshaus Hermann Hesses (4. Haus von links)

»Taubenschwärme erschreckten kleine Hunde und brachten sie zum Bellen, Pferde standen vor Bauernwagen gespannt, hatten eine hölzerne Krippe vor sich stehen und fraßen Heu, die Handwerker waren an der Arbeit oder unterhielten sich durch ihre niedrig gelegenen Werkstättenfenster mit der Nachbarschaft.«

Hesse, Unterbrochene Schulstunde, GW 8, S.471

Unweit des Geburtshauses steht der Untere Marktbrunnen. Mit diesem verbindet sich eine Anekdote oder Phantasie aus Hermann Hesses märchenhafter Autobiographie *»Kindheit des Zauberers«*. In diesem Büchlein erzählt Hermann Hesse, daß ihn in den Kindheitsjahren oft ein kleines unsichtbares Männlein begleitet habe, das ihn bald beschützt und beraten, bald zu Widerspruch und Schabernack aufgestachelt habe:

»Ich weiß nicht, wann ich ihn zum ersten Mal sah, ich glaube, er war schon immer da, er kam mit mir zur Welt. Der kleine Mann war ein

winziges, grau schattenhaftes Wesen, ein Männlein, Geist oder Kobold, Engel oder Dämon, der zuzeiten da war und vor mir herging, im Traum wie auch im Wachen, und dem ich folgen mußte, mehr als dem Vater, mehr als der Mutter, mehr als der Vernunft, ja oft mehr als der Furcht. Wenn der Kleine mir sichtbar wurde, gab es nur ihn, und wohin er ging oder was er tat, das mußte ich ihm nachtun: Bei Gefahren zeigte er sich. Wenn mich ein böser Hund, ein erzürnter größerer Kamerad verfolgte und meine Lage heikel wurde, dann, im schwierigsten Augenblick, war das Männlein da, lief vor mir, zeigte mir den Weg, brachte Rettung. Er zeigte mir die lose Latte im Gartenzaun, durch die ich im letzten bangen Augenblick den Ausweg gewann, er machte mir vor, was gerade zu tun war: sich fallenlassen, umkehren, davonlaufen, schreien, schweigen. Er nahm mir etwas, was ich essen wollte, aus der Hand, er führte mich an den Ort, wo ich verlorengegangene Besitztümer wiederfand. Es gab Zeiten, da sah ich ihn jeden Tag. Es gab Zeiten, da blieb er aus. Diese Zeiten waren nicht gut, dann war alles lau und unklar, nichts geschah, nichts ging vorwärts.

Einmal, auf dem Marktplatz, lief der kleine Mann vor mir her und ich ihm nach, und er lief auf den riesigen Marktbrunnen zu, in dessen mehr als mannstiefes Steinbecken die vier Wasserstrahlen sprangen, turnte an der Steinwand empor bis zur Brüstung, und ich ihm nach, und als er von da mit einem hurtigen Schwung hinein ins tiefe Wasser sprang, sprang ich auch, es gab keine Wahl, und wäre ums Haar ertrunken. Ich ertrank aber nicht, sondern wurde herausgezogen, und zwar von einer hübschen Nachbarsfrau, die ich bis dahin kaum gekannt hatte, und zu der ich nun in ein schönes Freundschafts- und Neckverhältnis kam, das mich lange Zeit beglückte.«

Hesse, Kindheit des Zauberers, GW 6, S. 380f.

Dies ist die schöne Geschichte, mit der Hermann Hesse den Sachverhalt, daß er von klein auf sowohl mit großer Phantasie als auch mit einem ganz eigenen Willen begabt war, poetisch umschrieben hat. Ob er wirklich einmal in den Marktbrunnen sprang, ist nicht verbürgt. In einen anderen Brunnen, der heute nicht mehr existiert und der etwa zweihundert Meter vom Marktbrunnen entfernt, oben am Eingang des Stadtgartens neben dem Georgenäum, stand, ist er aber als Zweijähriger tatsächlich gesprungen. Im Tagebuch der

Mutter findet sich am 11. Juni 1879 die Notiz: »Hermann springt in den Springbrunnen im Georgenäum.«

Bevor wir unter der Halle des Rathauses hindurch unseren Rundgang bergauf in Richtung Georgenäum und Alte Lateinschule fortsetzen, werfen wir noch einen Blick auf das Portal des Rathauses, zu dem seitlich am Gebäude eine Freitreppe hochführt. Dort ist das Wappen der Stadt Calw zu sehen, das Hermann Hesse einmal im Zusammenhang mit einer Erinnerung an seinen Spielkameraden Martin Roos beschreibt, der es auf den Schild seiner Indianerausrüstung gemalt hatte:

»Vor allem war Martin ein ganz vortrefflicher Indianer, und wenn ich seiner denke, so sehe ich ihn meistens in der Rolle und dem Kostüm des Irokesen oder Mohikaners, denn in dieser Rolle habe ich ihn manches Mal bewundert und auch beneidet, so gut stand sie ihm zu Gesicht und so schön verstand er sich herzurichten und zu kostümieren. Vor allem besaß er einen von ihm selbst komponierten und genähten Kopfschmuck, zusammengesetzt aus grell gefärbten Hühner- und natürlichen Hahnenfedern, ein Schmuckstück, um das ich ihn eine Zeitlang sehr beneidete und das mir herzustellen ich nicht fähig war. Ich versuchte es, aber meine Nachahmung war steif und schwunglos neben ihrem Vorbild, auch saß mein Diadem nicht fest genug, so daß ich, sobald unsere Aktionen einen Laufschritt forderten, meinen schlechten Federputz mit einer Hand auf dem Kopf festhalten mußte, während die andere den Bogen oder das Kriegsbeil trug. Und außer dem Kopfschmuck besaß Martin noch eine andere Kostbarkeit: einen gewölbten Schild, durch dessen Mitte schräg ein Goldband lief, auf das er ein Wappen gemalt hatte, das Wappen der Stadt Calw, einen Löwen auf drei Bergen stehend. Auch der Schild war ein Werk seiner geschickten Hände, er verstand sich auf das Zeichnen und Malen, auf das Vergolden und Lackieren, und wenn ich viel darum gegeben hätte, seinen berühmten gewölbten Schild zu besitzen, noch mehr hätte es mir bedeutet, der zu sein, der diesen Löwenschild hatte schnitzen, kleistern, malen und vergolden können. Dabei war ich Martins Arbeit gegenüber nicht ganz kritiklos; es entging mir nicht, daß eigentlich das Calwer Wappen nicht auf den Schild eines Irokesen gehöre …« *Hesse, Schulkamerad Martin, GW 8, S. 498*

Wir gehen nun linkerhand um das Rathaus herum und stehen dann dahinter auf einem kleinen Platz, der ehemals als Fruchtmarkt diente, vor einem hohen Fachwerkbau, der im Calwer Volksmund der »Salzkasten« genannt wird, da in ihm bis zum Beginn des 19. Jahrhunderts das städtische Salzmonopol untergebracht war. Der untere Teil des Gebäudes dient seit altersher als Feuerwehrmagazin, während die oberen Stockwerke zu Hesses Zeit und bis in die Neuzeit als Schulräume genutzt werden. Hier unterrichtete Hermann Hesses Mutter von 1871 bis 1872 an der Knaben-Realschule Englisch, was zu einiger Aufregung im Städtchen führte, da sie die allererste Frau in Württemberg war, der ein solcher Lehrauftrag genehmigt wurde. Und in diesem Gebäude drückte 16 Jahre später ihr Sohn Hermann die Schulbank:

»Mitten in dem enggebauten alten Städtlein liegt ein phantastisch großes Haus mit vielen kleinen Fenstern und jämmerlich ausgetretenen Vorstaffeln und Treppenstiegen, halb ehrwürdig und halb lächerlich, und ebenso war dem jungen Karl Bauer zumute, welcher als sechzehnjähriger Schüler jeden Morgen und Mittag mit seinem Büchersack hineinging.« *Hesse, Der Lateinschüler, GW 2, S. 269*

Die Schule, die Hermann Hesse in Calw von 1886 bis 1889 besuchte, war ein Reallyceum, das 1874 durch die Verschmelzung der örtlichen Lateinschule mit der oben erwähnten Knaben-Realschule entstanden war. Im Volksmund wurde die Schule aber weiterhin als »Lateinschule« bezeichnet, da in ihr von der ersten Klasse an auch Latein zum Schulpensum gehörte. Die Schule war insgesamt auf drei Gebäude verteilt. Die beiden unteren Klassen waren im Rathaus untergebracht, die mittleren im Salzkasten und die oberen drei im sogenannten Rektoratsgebäude, das heute als Alte Lateinschule bezeichnet wird und nach einer großzügigen Renovierung u.a. die Calwer Volkshochschule beherbergt. In dieses Gebäude kam Hermann Hesse allerdings nur, wenn er einmal zum Rektor der Schule mußte; die oberen Klassen hat er ja nicht mehr in Calw absolviert, sondern an der Göppinger Lateinschule, im Maulbronner Seminar und am Cannstatter Gymnasium. Zur Alten Lateinschule kann man vom Fruchtmarkt aus auf zwei Wegen gelangen. Entweder geht man rechts vom Salzkasten die Staffeln hoch und steht dann im alten Schulhof, an dessen diagonalem Ende das Gebäude steht. Oder man geht links die Salzgasse bis zum Georgenäum (einem 1871 gestifteten Volksbildungshaus) hoch und biegt dann nach rechts in das Gäßchen ein, das »Zum Zwinger« heißt, da es in alten Zeiten dazu diente, bei Kriegsbedrohung das Vieh der umliegenden Dörfer innerhalb der Stadtmauern aufzunehmen.

Den Unterricht und die Atmosphäre in der Calwer Lateinschule hat Hermann Hesse in seiner Erzählung *»Unterbrochene Schulstunde«* wiedergegeben:

»In unserem wenig geliebten Klassenzimmer der Calwer Lateinschule saßen wir Schüler eines Vormittags über einer schriftlichen Arbeit. Es war in den ersten Tagen nach längeren Ferien, kürzlich erst hatten wir unsere blauen Zeugnishefte abgeliefert, die unsere Väter hatten unterschreiben müssen, wir waren noch nicht so recht wieder an die Gefangenschaft und Langeweile gewöhnt und empfanden sie darum stärker. Auch der Lehrer, ein Mann von noch längst nicht vierzig Jahren, der uns Elf- und Zwölfjährigen aber uralt erschien, war eher gedrückt als schlechter Laune, wir sahen ihn auf seinem erhöhten Throne sitzen, gelben Gesichts, über Hefte gebeugt, mit leidenden Zügen. […]

Was für eine Arbeit es gewesen sei, mit der unser Lehrer uns beschäftigte, während er hinter der bretternen Verschanzung seines Hochsitzes sich mit Amtsgeschäften befaßte, weiß ich nicht mehr. Auf keinen Fall war es Griechisch, denn es war die ganze Klasse beisammen, während in den Griechischstunden nur wir vier oder fünf »Humanisten« dem Meister gegenübersaßen. Es war das erste Jahr, in dem wir Griechisch lernten, und die Abtrennung von uns »Griechen« oder »Humanisten« von der übrigen Schulklasse hatte dem ganzen Schulleben eine neue Note gegeben. Einerseits fanden wir paar Griechen, wir künftigen Pfarrer, Philologen und anderen Akademiker, uns schon jetzt vom großen Haufen der künftigen Gerber, Tuchmacher, Kaufleute oder Bierbrauer abgehoben und gewissermaßen ausgezeichnet, was eine Ehre und einen Anspruch und An-

sporn bedeutete, denn wir waren die Elite, die für Höheres als Handwerk und Geldverdienen Bestimmten, doch hatte diese Ehre wie billig auch ihre bedenkliche und gefährliche Seite. Wir wußten in ferner Zukunft Prüfungen von sagenhafter Schwere und Härte auf uns warten, vor allem das gefürchtete Landexamen, in dem die humanistische Schülerschaft des ganzen Schwabenlandes zum Wettkampf nach Stuttgart einberufen wurde und dort in mehrtägiger Prüfung die engere und wirkliche Elite auszusieben hatte, ein Examen, von dessen Ergebnis für die Mehrzahl der Kandidaten die ganze Zukunft abhing, denn von jenen, welche diese enge Pforte nicht passierten, waren die meisten damit auch zum Verzicht auf das geplante Studium verurteilt. Und seit ich selber zu den Humanisten, zu den vorläufig für die Elite in Aussicht genommenen und vorgemerkten Schülern gehörte, war mir schon mehrmals, angeregt vermutlich durch Gespräche meiner älteren Brüder, der Gedanke gekommen, daß es für einen Humanisten, einen Berufenen, aber längst noch nicht Auserwählten, recht peinlich und bitter sein müsse, seinen Ehrentitel wieder abzulegen und die letzte und oberste Klasse unserer Schule wieder als Banause zwischen den vielen Banausen abzusitzen, herabgesunken und ihresgleichen geworden. [...]

Augenblicklich freilich, in dieser unfrohen und langweiligen Schulmorgenstunde, da ich über meine längst fertige Schreibarbeit hinweg den kleinen geduckten Geräuschen des Raumes und den fernen, heiteren Tönen der Außenwelt und Freiheit lauschte: dem Flügelknattern eines Taubenfluges, dem Krähen eines Hahnes etwa oder dem Peitschenknall eines Fuhrmanns, sah es nicht so aus, als hätten jemals gute Geister in dieser niederen Stube gewaltet.«

Hesse, Unterbrochene Schulstunde, GW 8, S. 462 ff.

Im folgenden erzählt Hermann Hesse die Begebenheit, wie er vom Lehrer mit dem Zeugnisheft eines Mitschülers zu dessen Wohnhaus im »Krappen« (s. S. 100) geschickt wurde, um bei dessen Eltern zu erkunden, ob die Unterschrift unter dem Zeugnis gefälscht sei.

Den oben geschilderten Lehrer Wilhelm Schmidt (1858-1911) hat Hermann Hesse trotz seiner Strenge geschätzt; in der 1926 geschriebenen Erinnerung *»Aus meiner Schülerzeit«* (In: Kleine Freuden, S. 187ff.) hat er ihn respektvoll gewürdigt. Es gab aber auch andere

Lehrer an der Lateinschule und bedenklichere Vorfälle. In dem 1936 geschriebenen Nachruf auf seinen jüngeren Bruder Hans, der sich das Leben genommen hatte, berichtet Hermann Hesse darüber:

»Die Lateinschule, welche auch mir viele Konflikte gebrachte hatte, wurde für Hans mit der Zeit zur Tragödie, auf andere Weise und aus anderen Gründen als für mich, und wenn ich später als junger Schriftsteller in der Erzählung »Unterm Rad« nicht ohne Erbitterung mit jener Art von Schulen abrechnete, so war das leidensschwere Schülertum meines Bruders dazu beinah ebensosehr Ursache wie mein eigenes. Hans war durchaus gutwillig, folgsam und zum Anerkennen von Autorität bereit, aber er war kein guter Lerner, mehrere Lehrfächer fielen ihm sehr schwer, und da er weder das naive Phlegma besaß, die Plagereien und Strafen an sich ablaufen zu lassen, noch die Gerissenheit des Sich-Durchschwindelns, wurde er zu einem jener Schüler, von denen die Lehrer, namentlich die schlechten Lehrer, gar nicht loskommen können, welche sie nie in Ruhe lassen können, sondern immer wieder plagen, höhnen und strafen müssen. Es sind mehrere recht schlechte Lehrer dagewesen, und einer von ihnen, ein richtiger kleiner Teufel, hat ihn bis zur Verzweiflung gequält. Dieser Mann hatte unter anderen bösen Gewohnheiten die, daß er sich beim Abfragen dicht und drohend vor dem Schüler aufstellte, ihn mit schrecklichem Richtergesicht anbrüllte und dann, wenn der verängstigte Schüler natürlich versagte und ins Stottern geriet, seine Frage viele Male wiederholte, in einem rhythmischen Singsang, und dazu im Takt mit seinem eisernen Hausschlüssel auf des Schülers Kopf losschlug. Ich weiß aus späteren Erzählungen meines Bruders, daß dieser böse kleine Tyrann mit seinem Hausschlüssel zwei Jahre lang den kleinen Hans nicht nur Tag für Tag, sondern oft auch bis in die Angstträume der Nacht hinein gepeinigt hat. Oft kam er in einem hoffnungslosen Krampf von Kopfweh und Todesangst aus der Schule nach Hause.«

Hesse, Erinnerung an Hans, GW 10, S. 211 f.

In der Erzählung *»Schön ist die Jugend«* heißt es: *»Ich sah mir im Vorübergehen die alten Kästen an, witterte an den Toren den bekannten ängstlichen Schulduft und entrann aufatmend zur Kirche* *und dem Pfarrhaus.«* Diesem Ratschlag wollen wir folgen, allerdings nicht ohne vorher einen kleinen Rundgang durch den Schulbezirk zu machen, der heute eine Idylle darstellt und nur noch mit einiger Phantasie die Vorstellung zuläßt, daß hier einmal die oben geschilderte schwarze Pädagogik gewaltet haben soll.

Statt des direkten Weges zum nächsten Etappenziel, der Stadtkirche, wäre für Leute, die Treppensteigen nicht scheuen und gerne Aussicht und Überblick haben, ein Besuch des »Langen«, des letzten Wachturmes der alten Stadtbefestigung, zu empfehlen, der in der Zwingergasse nur wenige Schritte oberhalb der Alten Lateinschule steht; er ist allerdings nicht zu jeder Zeit zu besteigen. Der Turm existiert bereits seit dem 15. Jahrhundert, wurde aber 1692 zusammen mit der Stadt von den Truppen des französischen Sonnenkönigs Ludwig XIV. zerstört und 1706 in der heutigen Form als Wach- und Kerkerturm wiedererrichtet.

Einen ähnlich guten Panoramablick über die Calwer Altstadt kann man sich aber auch dadurch verschaffen, daß man die Mühe auf sich nimmt, die ca. 50 Schritte weiter auf der linken Seite zwischen den Häusern steil den Hang hinaufführenden »Hundert Stäffele« (genau gezählt sind es 116 Stufen) zur Schillerstraße hochzusteigen und auf dieser ebenen, hoch am Berg wie eine Aussichtsterrasse gelegenen Straße ein Stück zu gehen.

7 Stadtkirche und Dekanat

Die evangelische Stadtkirche, die das Stadtbild Calws dominiert, ist von der Alten Lateinschule nur einen Steinwurf entfernt. Es steht lediglich ein moderner blech- und glasverkleideter Neubau dazwischen, dem eines der stattlichsten Häuser am Marktplatz, das alte Landratsamt, geopfert wurde. Das mächtige Schiff der im neugotischen Stil erbauten Kirche ist in den Berg hineingeschmiegt und reicht bis zur Zwingergasse hinauf. Der Chor und der hohe spitze Turm stehen erhöht über dem oberen Marktplatz. Zu Hesses Kinderzeit führte eine halbrund um die Kirche angelegte, breit ausladende Freitreppe zum Marktplatz hinab, der damals noch tiefer lag, da die Aufschüttung, auf der seit 1902 die Straße den Marktplatz an der Kirche vorbei bergauf verläßt, noch nicht gebaut war. Zu jener Zeit hatte die Kirche auch noch nicht ihren spitzen Turm, sondern eine sogenannte welsche Haube (siehe Abb. S. 12). Ihr heutiges Aussehen erhielt die Kirche nach 1884, als eine tiefgreifende Sanierung mit weitgehendem Neubau durchgeführt werden mußte, da die nach der gewaltsamen Zerstörung 1692 rasch wiederaufgebaute Kirche große Schäden an der Bausubstanz zeigte. Von der alten Kirche blieben nur der spätgotische Chor und der Turmsockel erhalten.

Die Calwer Stadtkirche hat im Familienleben der Hesses eine große Bedeutung gehabt, da sowohl der Großvater Gundert als auch der Vater in ihr immer wieder in Vertretung für den Dekan oder den Stadtpfarrer gepredigt haben. Sonntägliche Gottesdienstbesuche waren natürlich obligatorisch; Hermann Hesse hat seine diesbezüglichen Erfahrungen in der Erzählung *»Kinderseele«* anschaulich wiedergegeben:

»Am Morgen war Sonntag, und noch im Bett empfand ich, wie den Geschmack einer Frucht, das eigentümliche, sonderbar gemischte, im ganzen aber so köstliche Sonntagsgefühl, wie ich es seit meiner Schulzeit kannte. Der Sonntagmorgen war eine gute Sache: Ausschlafen, keine Schule, Aussicht auf ein gutes Mittagessen, kein Geruch nach Lehrer und Tinte, eine Menge freie Zeit. Dies war die Hauptsache. Schwächer nur klangen andere, fremdere, fadere Töne hinein: Kirchgang oder Sonntagsschule, Familienspaziergang, Sorge um die schönen Kleider.

[...] Beim Frühstück waren wir alle vergnügt. Es wurde mir die Wahl zwischen Kirche und Sonntagschule gelassen. Ich zog, wie immer, die Kirche vor. Dort wurde man wenigstens in Ruhe gelassen und konnte seine Gedanken laufen lassen; auch war der hohe, feierliche Raum mit den bunten Fenstern oft schön und ehrwürdig, und wenn man mit eingekniffenen Augen durch das lange dämmernde Schiff gegen die Orgel sah, dann gab es manchmal wundervolle Bilder; die aus dem Finstern ragenden Orgelpfeifen erschienen oft wie eine strahlende Stadt mit hundert Türmen. Auch war es mir oft geglückt, wenn die Kirche nicht voll war, die ganze Stunde ungestört in einem Geschichtenbuch zu lesen.« *Hesse, Kinderseele, GW 5, S. 194ff.*

Blick von der Altburger Straße zur Calwer Stadtkirche um die Jahrhundertwende. Das Haus vor der Kirche mit dem breiten Treppenvorbau ist das Dekanat, das im »Vierten Lebenslauf Josef Knechts« als »Spezialat« vorkommt

In einem der Rundbriefe, die Hermann Hesse in seinen späten Jahren ab und zu an Freunde und Verwandte schrieb, erinnert er sich 1954 auch an einige festliche Musikveranstaltungen um 1890 in der Stadtkirche, bei denen sein Onkel Friedrich, der Bruder der Mutter, den Kirchengesangverein leitete und seine damals ungefähr 24 und 21 Jahre alten Halbbrüder Theodor und Karl Isenberg Gesangssoli übernommen hatten:

»An Ostern hörte ich im Radio auch dies Jahr wieder die Matthäus-Passion. Diese sakrale Feier erlebe ich jedesmal etwas anders, denn bis in meine Knabenjahre zurück, wo ich das von der Mutter mitgegebene Stückchen Schokolade längst vor dem Ende des ersten Teiles schon aufgegessen hatte und die vielen Wiederholungen in den Arien und Chören, zumal im Schlußchor, nur mit Ungeduld ertrug, da ich so langem passivem Stillsitzen noch nicht gewachsen war, hat dies Erlebnis so viele Vorgänger, daß die Erinnerungen in ganzen Schwärmen kommen und einander überschneiden. Doch sind die frühen unter ihnen stets die stärksten: jene technisch unvollkommenen, von Ausführenden und Hörern aber tief erlebten Passionen in der Calwer Kirche unter der Leitung meines Onkels Friedrich, der die schönen dunkeln Augen meiner Mutter hatte und in dessen Kirchenchor meine Schwestern und Basen mitsangen. Am genauesten hat mein Musikgedächtnis eine Aufführung bewahrt, bei der meine beiden älteren Stiefbrüder die Rollen des Evangelisten und des Christus sangen und bei der ich schon die Beklommenheit und Kinderungeduld jener frühesten Aufführung überwunden hatte. Es mochte bei den ungezählten späteren Passionen, die ich hörte, den Christus und den Evangelisten wer immer singen, gewisse Stellen hörte ich doch jedesmal mit den Stimmen und dem Ausdruck meiner Brüder wieder.« *Hesse, Notizblätter um Ostern, GW 10, S. 381 f.*

In einem Brief an seine Schwester Adele erinnert sich Hesse auch daran, wie auf dem Kirchturm *»oben auf der Galerie bei den Glokken am Sonntagmorgen die Stadtmusikanten den Choral bliesen«*.

Neben dem Kirchturm steht eine große Linde, die die Kirchberglinde genannt wird. Sie wurde 1817 zur Erinnerung an das dreihundertjährige Jubiläum der Reformation gepflanzt. Sie hatte bereits zu

Hesses Jugendzeit eine ansehnliche Größe und wird von ihm verschiedentlich erwähnt. In *»Unterm Rad«* entdeckt Hans Giebenrath ihre Schönheit, als er am Tag vor der Landexamenprüfung nach einem Abschiedsbesuch beim Rektor erleichtert die benachbarte Lateinschule verläßt:

»Hans trat aufatmend aus dem Schulhaus. Die großen Kirchberglinden glänzten matt im heißen Sonnenlicht des Spätnachmittags, auf dem Marktplatz plätscherten und blinkten beide großen Brunnen, über die unregelmäßige Linie der Dächerflucht schauten die nahen, blauschwarzen Tannenberge herein.«

Hesse, Unterm Rad, GW 2, S. 12

Auch der Vagabund *Knulp* aus der gleichnamigen Erzählung liebt *»die Kirchberglinde mit dem kleinen Rasenstück«* als einen besonders schönen Ort im Städtchen und vergißt deshalb nicht, ihn bei seinem letzten Gang durch Gerbersau aufzusuchen, mit dem er Abschied nimmt von der Stadt.

Oberhalb der Kirche, wo der Marktplatz in die Altburger Straße übergeht, steht als zweites Haus das Dekanat, das an seinem breiten Treppenvorbau erkennbar ist. Hermann Hesse hat es in *»Der vierte Lebenslauf Josef Knechts«* beschrieben:

»Der Spezial wohnte nahe der Kirche in einem schönen steinernen Amtshause, das von der Gasse etwas zurückstand und mit ihr durch eine breite, schwer gemauerte Treppe mit acht oder zehn Stufen verbunden war. Ein Portal mit massiver Nußbaumtür und schwerem Messingbeschlag führte ins Haus, das man Spezialat nannte, aber im Erdgeschoß dieses Hauses waren keine Wohnräume, nur eine große leere Vorhalle mit Steinfliesen und ein saalartiger, flach gewölbter Raum für Sitzungen; hier konferierten zuweilen die Gemeindeältesten und kamen alle paar Wochen die Geistlichen der Umgegend bei ihrem Vorgesetzten und Visitator zu einer kollegialen Geselligkeit mit Vorträgen und Disputationen zusammen. Die Wohnung des Spezials und seiner Familie lag ein Stockwerk höher.«

Hesse, Der vierte Lebenslauf Josef Knechts, in:
Prosa aus dem Nachlaß, S. 443 ff.

Gegenüber vom Dekanat führt eine Steintreppe zum Marktplatz mit dem Oberen Marktbrunnen hinab. Unten beim Brunnen stehend, muß man sich vergegenwärtigen, daß zu Hesses Jugendzeit und noch bis ins Jahr 1901 der gesamte Marktplatz auf der Ebene dieses Brunnens lag. Die stadtauswärts führende Altburger Straße stieg damals erst am Ende des Platzes steil an. Vom tiefgelegenen Marktplatz führte, wie bereits erwähnt, eine mächtige Steintreppe, die mit der berühmten Freitreppe vor der St. Michaelskirche in Schwäbisch Hall verglichen wurde, zur Kirche hinauf. Diese versperrte jedoch nicht den Blick vom Oberen zum Unteren Marktbrunnen und zum Rathaus, wie es heute die 1901/1902 vorgenommene Straßenaufschüttung mit der Stützmauer beim Oberen Marktbrunnen tut. Die Mauer hat deshalb im Volksmund die Bezeichnung »Calwer Klagemauer« erhalten, da viele Calwer nach ihrer Errichtung die Beeinträchtigung der zuvor einheitlichen und übersichtlichen Gestaltung des Marktplatzes und die dadurch verursachte Aufteilung in einen unteren und einen kleineren oberen Marktplatz heftig beklagten.

Der obere Marktplatz wird durch ein stattliches, mit der Breitseite zum Platz stehendes Gebäude abgeschlossen. Wie nahezu alle repräsentativen bürgerlichen Gebäude der Stadt wurde es nach Plänen des württembergischen Hofbaumeisters Reinhard Ferdinand Fischer erbaut (um 1812). In diesem ist heute das Hermann-Hesse-Museum und die Galerie der Stadt Calw untergebracht. In Hesses Jugend wurde das Gebäude allgemein als das Doktorhaus bezeichnet, da in ihm bis zum Jahr 1877 der Stadtdoktor Emil Schüz wohnte. Dr. Schüz, ein weitgereister Mann, war im Kreis der Calwer Stadthonoratioren eine auffällige Persönlichkeit. Durch seine Eigenheiten erregte er immer wieder die Phantasie und Neugier der Kleinstädter. Nicht nur, daß er einen Pflanzengarten mit fremdländischen Gewächsen pflegte und eine Reihe exotischer Tiere hielt, die er von seinen Reisen mitgebracht hatte – eines Tages brachte ihm ein befreundeter Afrikamissionar einen verwaisten »Mohrenknaben« zur Erziehung und Ausbildung mit. Die Aufregung, die dieser neue Mitbewohner in Calw verursachte, kann man sich leicht vorstellen. Indes, Daud, wie der etwa neunjährige Mohrenknabe hieß, ging bald in Calw in die Schule und lernte das schönste Schwäbisch sprechen; er starb allerdings bereits mit 17 Jahren 1877, zwei Monate nach Hermann Hesses Geburt.

Das Hermann-Hesse-Museum im Schüzschen Haus am Marktplatz Nr. 30 ist ganzjährig geöffnet. Es bietet in neun mit Hesse-Schätzen reich bestückten Räumen eine von dem Herausgeber der Hesse-Werke im Suhrkamp Verlag, Volker Michels, und dem Designer Heiko Rogge hervorragend konzipierte, übersichtliche und anschauliche Ausstellung zum Leben und Werk Hermann Hesses. Der erste Raum steht unter dem Thema »Pietistische Herkunft und missionarisches Sendungsbewußtsein« und zeigt Photos und Dokumente aus der Missionstätigkeit der Eltern und Großeltern nebst zahlreichen Büchern und Zeugnissen des Calwer Verlagsvereins. »Das Erbe der Väter in Werk und Wirken Hermann Hesses« ist im zweiten Raum dokumentiert. Der dritte Raum ist der Verbindung von Hermann Hesse zu seiner Geburtsstadt Calw vorbehalten und trägt den Titel »Calw – Urbild aller Menschenheimaten und Menschengeschicke«. Den mit der Calwer Zeit verflochtenen Lebensstationen Göppingen (Lateinschulzeit 1890/91), Maulbronn (Seminarzeit 1891/92), Bad Boll und Stetten (psychiatrische Behandlung 1892) und Cannstatt (Gymnasialzeit 1892/93) ist der vierte Raum gewidmet. Die Dokumentation seiner Buchhändlerzeit in Tübingen und Basel (1895-1904), in die auch seine ersten Italienreisen fallen, geschieht in Raum 5 unter der Überschrift »Zielstrebige Umwege: Tübingen, Basel, Italien«. Die Gaienhofener Zeit (1904-1912) wird in Raum 6 unter dem Stichwort »Episode der Seßhaftigkeit« vor Augen geführt; in diesem Raum steht ein Glanzstück der Ausstellung: Hesses berühmte Schreibmaschine »Smith Premier No. 4«, auf der er ab 1908 alle Manuskripte und zigtausende Briefe geschrieben hat; hier ist Realität geworden, was Hesse in einem ironischen Gedicht von 1926 vorausgesehen hat:

»Unter anderen herrlichen Trophäen
In des Volksmuseums Heiligtum
Sieht man seine Schreibmaschine stehen,
Sonntags viel bestaunt vom Publikum.«

Die Indienreise 1911, die auch in die Gaienhofener Zeit gefallen ist, wird im selben Raum dokumentiert. Im folgenden 7. Raum wird die Übersiedlung in die Schweiz nach Bern (1912-1919) gezeigt und das düstere Kapitel des Ersten Weltkrieges drastisch vor Augen geführt. Heitere Farben zeigt dagegen der nächste Raum, der Hesses »Neubeginn im Süden – Als Maler in Montagnola« veranschaulicht und eine schöne kleine Sammlung von Originalaquarellen Hesses zeigt. Einen opulenten Schlußpunkt setzt der große letzte Raum, der unter dem Motto »Vom Steppenwolf zum Magister Ludi« steht und von einer Plakatsäule in der Mitte beherrscht wird, die für das »Magische Theater« aus dem *»Steppenwolf«* wirbt und in ihrem Innern, das man durch eine Klappe einsehen kann, eine kleine magische Überraschung birgt. – Alles in allem ist das Hermann-Hesse-Museum ein erfreuliches Beispiel gelungener Museumspädagogik, das umso erfreulicher ist, als es zeigt, daß nicht nur in den Metropolen erstklassige Museumsarbeit realisierbar ist. Calw hat durch dieses Museum kulturell sehr viel gewonnen. Man sollte sich für die Besichtigung mindesten zwei Stunden Zeit nehmen.

Im 1. Stock des Gebäudes ist zur Zeit noch (2001) die sehr beachtenswerte »Galerie der Stadt Calw« untergebracht, die allerdings voraussichtlich 2002, zum 125. Geburtstag Hesses, zugunsten einer Erweiterung des Hesse-Museums an einen anderen Ort verlagert werden wird. Die Galerie zeigt im ständigen Teil ihrer Ausstellung Werke von vier bedeutenden Malern und Zeichnern, die aus Calw stammen oder deren Lebensweg sich auf die eine oder andere Weise eng mit dieser Stadt verknüpft hat: Rudolf Schlichter (1890 in Calw geboren), Kurt Weinhold (1896-1965), Richard Ziegler (1891-1992) und Gunter Böhmer (1911-1986).

Im Zusammenhang mit Hesse ist dabei der Maler, Zeichner und Buchillustrator *Gunter Böhmer* von besonderem Interesse, da dieser von 1933 bis zu Hesses Tod 1962 in engem freundschaftlichem Kontakt mit dem Dichter in Montagnola gelebt hat. Er kam 1933 als junger Emigrant auf Einladung Hesses nach Montagnola und bezog auf dessen Vermittlung eine Atelierwohnung in der Casa Camuzzi, in der Hesse selbst lange Zeit gewohnt hatte. In den folgenden 30 Jahren entwickelte sich Gunter Böhmer zu einem der renommiertesten Buchillustratoren, wobei er natürlich auch Werke Hesses illustrierte. Zu seinen frühesten Hesse-Illustrationen gehören die 1933 entstandenen Graphiken zum *»Hermann Lauscher«*, die heute noch die Taschenbuchausgabe des Insel Verlags schmücken, sowie die schlichten Federzeichnungen mit Calwer Motiven zu dem von Hesses Schwester Adele herausgegebenen Bändchen *»Marie Hesse. Ein Lebensbild in Briefen und Tagebüchern«*. Zum Spätwerk Böhmers zählen umfangreiche kongeniale Illustrationszyklen zu Hesses Romanen *»Steppenwolf«* und *»Unterm Rad«*, die in Sonderausgaben des Suhrkamp Verlags veröffentlicht wurden. Von diesem illustratorischen Œuvre hat sich das Calwer Hesse-Museum und die Galerie der Stadt Calw, teils durch Schenkungen Böhmers, teils durch Ankäufe, eine beachtliche Anzahl Originale sichern können. Ihre Ausstellung in der Galerie ergänzt die Ausstellung des Hesse-Museums in idealer Weise.

9 Wohnhaus der Familie Hesse in der Ledergasse (1889-1893)

Um zur nächsten Station unseres Rundgangs zu gelangen, gehen wir vom Hermann-Hesse-Museum wieder den Marktplatz hinab in Richtung Rathaus. Die Häuser am Marktplatz, an denen man bei diesem Gang vorbeikommt, beherbergten vor einem Jahrhundert folgende Geschäfte: die Alte Apotheke, eine Konditorei, eine Gemischtwarenhandlung, ein Photographenatelier, die Neue Apotheke, das Oberamtsgericht (abgerissen und durch Neubau ersetzt), ein Aussteuergeschäft, einen Hutladen und eine Buchhandlung. In letzterem Haus befindet sich heute die Volksbank; daneben zweigt die schmale Kronengasse ab.

Die Kronengasse führt fast direkt auf das ehemalige Wohnhaus der Familie Hesse in der Lederstraße zu; es ist das etwas zurückversetzte Gebäude, das heute im Erdgeschoß ein Raumausstattungsgeschäft beherbergt. Hier, im Haus des Verwaltungsaktuars Emil Staudenmeyer, wohnte die Familie von September 1889 bis Juni 1893, also während Hermann Hesses Göppinger, Maulbronner und Cannstatter Schulzeit, in einer Fünfzimmerwohnung. Über die Gründe des Umzugs erfahren wir aus dem Tagebuch der Mutter:

»1889. In diesem Jahr steigerte sich das Schwierige der Verhältnisse bis zur Unerträglichkeit. Johannes wurde immer nervöser und elender, schlaflos, durch Kopfschmerzen fast arbeitsunfähig. Ich war halb gemütsleidend … Wiederholt hatte mir Johannes erklärt, er könne nicht gesund werden in dem Calwer Verlagsvereinshaus und all den verzwickten Verhältnissen und Aufgaben dort. Papa hat es offenbar geschmerzt; aber er ahnte nicht, wieviel es uns gekostet, wie schwere Opfer wir ihm in diesen dreieinviertel Jahren gebracht haben. Trennung ist unumgänglich notwendig …

Am 16. September 1889 zogen wir in die neue Wohnung (in der Ledergasse), die sonnig und behaglich ist. Gott sei Dank, nun haben wir wieder ein Heim!« *Marie Hesse, Ein Lebensbild, S. 199*

Die »verzwickten Verhältnisse« bestanden vor allem zu Marie Hesses zwanzig Jahre älterer Kusine Jettle Ensslin (1824 – 1914), die im Verlagsverein Hermann Gunderts rechte Hand war und im Haus ein strenges Regiment führte, was bei Johannes und Marie Hesse ein Gefühl der Beengtheit und des Gouverniertwerdens auslöste. Zudem hatte der Vater Hesse aber auch gewisse Probleme, sich in so unmittelbarer Nähe des sehr dominanten Großvaters Gundert zu behaupten.

Im Magazin des Calwer Heimatmuseums wird das alte Tor des Hauses in der Ledergasse aufbewahrt. Dieses ist oben mit einer eiförmigen Schnitzerei verziert, die einen abstrahierten Menschen- oder Vogelkopf zeigt. Es wird deshalb vermutet, daß diese Schnitzerei Hesses Vorbild für das Torwappen war, das im Roman *»Demian«* eine Rolle spielt.

Nur wenige Häuser weiter unten in der Ledergasse, auf der anderen Straßenseite, wo die Biergasse in die Ledergasse einmündet, gab es im Eckhaus zu Hesses Jugendzeit einen Krämerladen, in dem Hermann Hesse häufig Einkäufe für die Familie machen mußte. Doch er trieb sich dort mit Kameraden auch noch zu anderen Zwekken herum: Der Inhaber des Geschäftes war für die Gassenbuben ein beliebtes Opfer für ihre Lausbubenstreiche. Warum das so war, erklärt Hermann Hesse am Beginn seiner kleinen Erzählung *»Ein Knabenstreich«*:

»Der Sammetwedel war Besitzer eines stattlichen Kramladens in der Ledergasse. Die Entstehung seines Kosenamens ist von etymologischem Interesse. Er hieß ursprünglich Samuel, und aus diesem Vornamen, den unser Dialekt langsam und nasal ausspricht, und aus der salbungsvoll weichlichen Sanftmut seines Trägers erwuchs diesem der endgültige Spitzname Sammetwedel. Er handelte mit Wein und Rosinenmost, mit Zigarren, Kolonialwaren, Kleiderstoffen und sonst noch mit den verschiedensten nützlichen und gewinnbringenden Artikeln.

Samuel war sehr fromm. Er besuchte nicht nur regelmäßig die Kirche – das taten alle anständigen und klugen Geschäftsleute –, sondern er lief auch zu den Versammlungen und Betstunden der Pietisten in Gerbersau und auf dem Lande. Beim Sprechen rieb er sich demütig und weichlich die blassen Hände aneinander, blickte öfters mit rührendem Augenaufschlage nach oben und pries mit lächelnd-selbstloser Gebärde seine Weine an. Auch seine Kleidung hatte etwas Demütig-Frommes, war altmodisch im Schnitt, dunkelgrau oder schwarz und hielt sich auf der Grenze zwischen sparsam und schäbig. Der unglückliche Mann war die Zielscheibe unaufhörlicher Neckereien. Wir Zwölfjährigen läuteten an seiner Haustür, schrieben ihm ulkige Briefchen, grüßten ihn mit ironisch übertriebener Hochachtung und belagerten oft ganze Abende lang seine Ladentreppe.«

Hesse, Ein Knabenstreich, GE 1, S. 252

In der Erzählung selbst (siehe S. 125 ff.) wird sodann ein Streich geschildert, den Hermann Hesse gegen den Sammetwedel ausheckte und der damit endete, daß er vom Vater eine Tracht Prügel bekam und sich entschuldigen mußte.

Dem »Sammetwedel-Haus« gegenüber steht das nach dem Theologen und Schriftsteller Johann Valentin Andreä, der von 1620 bis 1639 Dekan in Calw war, benannte Gemeindehaus der Evangelischen Kirchengemeinde. In diesem stattlichen Gebäude befanden sich bis zum Jahr 1797 die Manufakturräume der bedeutenden Calwer Zeughandels-Compagnie.

Die folgende Etappe des Rundgangs ist mit einem Fußmarsch von einem halben Kilometer verbunden und führt durch die Ledergasse zur Unteren Brücke und an der »Insel« und am »Brühl« vorbei zum Familiengrab Gundert-Hesse auf dem Calwer Friedhof. Wer diesen Marsch nicht auf sich nehmen möchte, kann eine Abkürzung nehmen und über den neben dem Andreähaus über die Nagold führenden Weinsteg gleich in die Bischofstraße hinüber zu den Zielen der 11. und letzten Etappe des Rundgangs (Onkel Friedrichs Haus und Calwer Heimatmuseum) gehen. Der Weinsteg zeigt auch noch einmal einen schönen Blick auf die unteren Calwer Nagoldpartien. Das ehemalige Haus von Hermann Hesses Onkel Friedrich Gundert, das sogenannte Steinhaus, ist vom Steg aus leicht zu erkennen: Es ist das unmittelbar links vom Steg liegende mächtige Haus mit dem Doppelgiebel, dem Rundtor und der eigenwilligen Fensterreihe auf halber Höhe; das herrschaftliche Haus rechts daneben ist das Heimatmuseum (Näheres siehe Etappe 11).

10 Insel, Brühl und Friedhof mit dem Familiengrab Gundert-Hesse

Vom Andreä-Haus gehen wir die Ledergasse weiter hinunter. An ihrem unteren Ende kommen wir in jene Gegend der Stadt, die in den Erzählungen *»Der Zyklon«* und *»Herr Claasen«* eine Rolle spielt: die Inselgasse, die »Insel« und die Untere Brücke, die zum »Brühl« hinüberführt. Allerdings hat sich in dieser Gegend das Stadtbild grundlegender verändert als an anderen Stellen, so daß einige Phantasie notwendig ist, damit die Schauplätze der Hesseschen Erzählungen vor dem Auge lebendig werden:

Die Inselgasse und die »Insel«, die Hesse in der Erzählung *»Herr Claasen«* als *»altes enges Häusergewinkel«* bzw. *»ärmliches und etwas finsteres Fabrikviertel«* beschreibt, ist nur noch rudimentär vorhanden. Aus der vorher engen Inselgasse ist durch Abbruch der kompletten rechten Häuserreihe die Schneise geworden, durch die seit den 70er Jahren eine Umgehungsstraße in Richtung Calw-Wimberg führte (jetzt Zufahrt zum »Kaufland«). Und die »Insel« ist längst keine Insel mehr, da der Nagoldarm, der einst hinter der rechten Häuserreihe der Inselgasse floß, vor Jahrzehnten bereits im Vollzug der Nagoldregulierung trockengelegt und zugeschüttet worden ist.

Die Inselgasse spielt in Hesses Erzählung *»Hans Dierlamms Lehr-*

zeit« eine Rolle. Dort wohnt die aus Italien stammende Familie der schönen Maria Testolini, die die aufkeimenden Sehnsüchte des Schlosserlehrlings Hans Dierlamm zu beherrschen beginnt. Die italienischen Familien in der Inselgasse waren in den 60er Jahren des 19. Jahrhunderts im Gefolge des Eisenbahnbaus, bei dem viele Italiener als billige Arbeitskräfte beschäftigt worden waren, nach Calw gekommen. Die Gegend der Inselgasse, die auch heute noch von Gastarbeiterfamilien bewohnt wird, wie mehrere Lokale mit ausländischen Namen zeigen, kann also auf eine weit über hundertjährige Geschichte als Wohnviertel ausländischer Mitbürger zurückblicken.

Zu Hesses Jugendzeit teilte sich die Nagold oberhalb der Unteren Brücke an einem Stauwehr in zwei Arme, die vor der Brücke eine kleine Wiesenaue und unterhalb der Brücke das im Besitz der »Calwer Decken- und Tuchfabriken« befindliche Gelände umflossen. Die Wasserkraft der beiden Flußarme wurde dabei von den Fabriken genutzt, die auf der »Insel« standen und zum Teil noch stehen. An der Stelle des langgestreckten Baukörpers des heutigen »Kauflandes« stand jene Spinnerei, die in der Erzählung *»Der Zyklon«* beschrieben ist. In ihr arbeitet Berta Vögtlein, die in den Erzähler verliebt ist. Das Erlebnis des Erzählers mit ihr während des verheerenden Wirbelsturms, der am 1. Juli 1895 über Calw hinwegfegte, schildert Hermann Hesse so:

»Die sonderbar schwüle, gepreßte Stille jenes Nachmittags ist mir unvergeßlich geblieben. Ich trug meinen Fischeimer flußabwärts bis zum unteren Steg [ehemaliger Steg unterhalb der Unteren Brücke], *der schon zur Hälfte im Schatten der hohen Häuser lag. Von der nahen Spinnerei hörte man das gleichmäßige, einschläfernde Surren der Maschinen, einem Bienenfluge ähnlich, und von der Obermühle her schnarrte jede Minute das böse, schartige Kreischen der Kreissäge. Sonst war es ganz still, die Handwerker hatten sich in den Schatten der Werkstätten zurückgezogen, und kein Mensch zeigte sich auf der Gasse. Auf der Mühlinsel watete ein kleiner Bub nackt zwischen den nassen Steinen umher. Vor der Werkstatt des Wagnermeisters lehnten rohe Holzdielen an der Wand und dufteten in der Sonne überstark, der trockene Geruch kam bis zu mir herüber und war durch den satten, etwas fischigen Wasserduft hindurch deutlich zu spüren.*

Die Nagold bei der Unteren Brücke in früherer Zeit. Rechts die von zwei Nagoldarmen gebildete »Insel«, Schauplatz der Erzählung »Der Zyklon«

Die Fische hatten das ungewöhnliche Wetter auch bemerkt und verhielten sich launisch. [...] Mir schien, es müsse irgendein schlechtes Abwasser die Fische vertrieben haben, und da ich noch nicht nachzugeben gesonnen war, besann ich mich auf einen neuen Standort und suchte den Kanal der Spinnerei auf. Kaum hatte ich dort einen Platz bei dem Schuppen gefunden und meine Sachen ausgepackt, so tauchte an einem Treppenfenster der Fabrik die Berta auf, schaute herüber und winkte mir. Ich tat aber, als sähe ich es nicht, und bückte mich über meine Angel.

Das Wasser strömte dunkel in den gemauerten Kanal, ich sah meine Gestalt darin mit wellig zitternden Umrissen gespiegelt, sitzend, der Kopf zwischen den Fußsohlen. Das Mädchen, das noch drüben am Fenster stand, rief meinen Namen herüber, ich starrte aber regungslos ins Wasser und wendete den Kopf nicht um.

Mit dem Angeln war es nichts, auch hier trieben sich die Fische hastig wie in eiligen Geschäften umher. [...] Ich zog die Angelschnur heraus, um meine Hände an den Wassertropfen zu erfrischen, und begann mein Zeug zusammenzupacken.

Als ich aufstand, sah ich auf dem Platz vor der Spinnerei den Staub in kleinen spielenden Wölkchen wirbeln, plötzlich stieg er hoch und in eine einzige Wolke zusammen, hoch oben in den Lüften flohen Vögel wie gepeitscht davon, und gleich darauf sah ich talherabwärts die Luft weiß werden wie in einem dicken Schneesturm. Der Wind, sonderbar kühl geworden, sprang wie ein Feind auf mich herab, riß die Fischleine aus dem Wasser, nahm meine Mütze mit und schlug mich wie mit Fäusten ins Gesicht.

Die weiße Luft, die eben noch wie eine Schneewand über fernen Dächern gestanden hatte, war plötzlich um mich her, kalt und schmerzhaft, das Kanalwasser spritzte hoch auf wie unter schnellen Mühlenradschlägen, die Angelschnur war fort, und um mich her tobte schnaubend und vernichtend eine weiße brüllende Wildnis, Schläge trafen mir Kopf und Hände, Erde spritzte an mir empor, Sand und Holzstücke wirbelten in der Luft.

Alles war mir unverständlich; ich fühlte nur, daß etwas Furchtbares geschehe und daß Gefahr sei. Mit einem Satz war ich beim Schuppen und drinnen, blind vor Überraschung und Schrecken. Ich hielt mich an einem eisernen Träger fest und stand betäubte Sekunden atemlos in Schwindel und animalischer Angst, bis ich zu begreifen begann. Ein Sturm, wie ich ihn nie gesehen oder für möglich gehalten hatte, riß teuflisch vorüber, in der Höhe klang ein banges oder wildes Sausen, auf das flache Dach über mir und auf den Erdboden vor dem Eingang stürzte weiß in dicken Haufen ein grober Hagel, dicke Eiskörner rollten zu mir herein. Der Lärm von Hagel und Wind war furchtbar, der Kanal schäumte gepeitscht und stieg in unruhigen Wogen an der Mauer auf und nieder.

Ich sah, alles in einer Minute, Bretter, Dachschindeln und Baumzweige durch die Luft dahingerissen, fallende Steine und Mörtelstücke, alsbald von der Masse der darüber geschleuderten Hagelschlossen bedeckt; ich hörte wie unter raschen Hammerschlägen Ziegel brechen und stürzen, Glas zersplittern, Dachrinnen stürzen.

Jetzt kam ein Mensch dahergelaufen, von der Fabrik her quer über den eisbedeckten Hof, mit flatternden Kleidern schräg wider den Sturm gelegt. Kämpfend taumelte die Gestalt näher, mir entgegen, mitten aus der scheußlich aufgewühlten Sintflut. Sie trat in den Schuppen, lief auf mich zu, ein stilles fremd-bekanntes Gesicht mit großen liebevollen Augen schwebte mit schmerzlichem Lächeln dicht vor meinem Blick, ein stiller warmer Mund suchte meinen Mund und küßte mich lange in atemloser Unersättlichkeit, Hände umschlangen meinen Hals, und blondes feuchtes Haar preßte sich an meine Wangen, und während ringsum der Hagelsturm die Welt erschütterte, überfiel ein stummer, banger Liebessturm mich tiefer und schrecklicher.« *Hesse, Der Zyklon, GW 2, S. 405 ff.*

Als der Zyklon vorüber ist (und zugleich auch die Romanze mit Berta), macht sich der Erzähler auf den Weg, um die Schäden zu besichtigen, die der Sturm angerichtet hat:

»Nun vergaß ich alles, was eben noch gewesen war, und fühlte nichts als eine wilde, ängstliche Neugierde, zu sehen, was eigentlich passiert wäre und wieviel Schlimmes das Wetter angerichtet habe. Alle die zerschlagenen Fenster und Dachziegel der Fabrik sahen im ersten Augenblick recht wüst und trostlos aus, aber schließlich war doch das alles nicht gar so gräßlich und stand nicht recht im Verhältnis zum furchtbaren Eindruck, den der Zyklon mir gemacht hatte. Ich atmete auf, befreit und halb auch wunderlich enttäuscht und ernüchtert: die Häuser standen wie zuvor, und zu beiden Seiten des Tales waren auch noch die Berge da. Nein, die Welt war nicht untergegangen.

Indessen, als ich den Fabrikhof verließ und über die Brücke in die erste Gasse kam, gewann das Unheil doch wieder ein schlimmeres Ansehen. Das Sträßlein lag voll von Scherben und zerbrochenen Fensterläden, Schornsteine waren herabgestürzt und hatten Stücke der Dächer mitgerissen, Menschen standen vor allen Türen, bestürzt und klagend, alles, wie ich es auf Bildern belagerter und eroberter Städte gesehen hatte. Steingeröll und Baumäste versperrten den Weg, Fensterlöcher starrten überall hinter Splittern und Scherben, Gartenzäune lagen am Boden oder hingen klappernd über Mauern herab. Kinder wurden vermißt und gesucht, Menschen sollten auf den Feldern vom Hagel erschlagen worden sein. Man zeigte Hagelstücke herum, groß wie Talerstücke und noch größere.

Noch war ich zu erregt, um nach Hause zu gehen und den Schaden im eigenen Hause und Garten zu betrachten; auch fiel mir nicht ein, daß man mich vermissen könnte, es war mir ja nichts geschehen. Ich beschloß, noch einen Gang ins Freie zu tun, statt weiter durch die Scherben zu stolpern, und mein Lieblingsort kam mir verlockend in den Sinn, der alte Festplatz neben dem Friedhof, in dessen Schatten ich alle großen Feste meiner Knabenjahre gefeiert hatte. Verwundert stellte ich fest, daß ich erst vor vier, fünf Stunden auf dem Heimweg von den Felsen dort vorübergegangen sei; es schienen mir lange Zeiten seither vergangen.

Und so ging ich in die Gasse zurück und über die untere Brücke, sah unterwegs durch eine Gartenlücke unsern roten sandsteinernen Kirchturm wohlerhalten stehen und fand auch die Turnhalle nur wenig beschädigt. Weiter drüben stand einsam ein altes Wirtshaus, dessen Dach ich von weitem erkannte. Es stand wie sonst, sah aber doch sonderbar verändert aus, ich wußte nicht gleich warum. Erst als ich mir die Mühe gab, mich genau zu besinnen, fiel mir ein, daß vor dem Wirtshaus immer zwei hohe Pappeln gestanden waren. Diese Pappeln waren nicht mehr da. Ein uralt vertrauter Anblick war zerstört, eine liebe Stelle geschändet.

Da stieg mir eine böse Ahnung auf, es möchte noch mehr und noch Edleres verdorben sein. Mit einemmal fühlte ich mit beklemmender Neuheit, wie sehr ich meine Heimat liebte, wie tief mein Herz und Wohlsein abhängig war von diesen Dächern und Türmen, Brücken und Gassen, von den Bäumen, Gärten und Wäldern. In neuer Erregung und Sorge lief ich rascher, bis ich drüben bei dem Festplatze war.

Da stand ich still und sah den Ort meiner liebsten Erinnerungen namenlos verwüstet in völliger Zerstörung liegen. Die alten Kastanien, in deren Schatten wir unsere Festtage gehabt hatten und deren Stämme wir als Schulknaben zu dreien und vieren kaum hatten umarmen können, die lagen abgebrochen, geborsten, mit den Wurzeln ausgerissen und umgestülpt, daß hausgroße Löcher im Boden klafften. Nicht einer stand mehr an seinem Platze, es war ein schauerhaftes Schlachtfeld, und auch die Linden und die Ahorne waren gefallen, Baum an Baum. Der weite Platz war ein ungeheurer Trümmerhaufen von Ästen, gespaltenen Stämmen, Wurzeln und Erdblöcken, mächtige Stämme standen noch im Boden, aber ohne Baum, abgeknickt und abgedreht mit tausend weißen, nackten Splittern.

Es war nicht möglich weiterzugehen, Platz und Straße waren haushoch von durcheinandergeworfenen Stämmen und Baumtrümmern gesperrt, und wo ich seit den ersten Kinderzeiten nur tiefen heiligen Schatten und hohe Baumtempel gekannt hatte, starrte der leere Himmel über der Vernichtung.

Mir war, als sei ich selber mit allen geheimen Wurzeln ausgerissen und in den unerbittlich grellen Tag gespien worden. Tagelang ging ich umher und fand keinen Waldweg, keinen vertrauten Nußbaumschatten, keine von den Eichen der Bubenkletterzeit mehr wieder, überall weit um die Stadt nur Trümmer, Löcher, gebrochene Waldhänge wie Gras hingemäht, Baumleichen klagend mit entblößtem Wurzelwerk zur Sonne gekehrt. Zwischen mir und meiner Kindheit war eine Kluft aufgebrochen, und meine Heimat war nicht die alte mehr.« *Hesse, Der Zyklon, GW 2, S. 410ff.*

Vollends nicht mehr wiedererkennen würde Hermann Hesse seine Heimatstadt in diesem Bereich heutzutage; nirgendwo hat sich die Stadt in den letzten Jahren stärker verändert. An der Stelle der alten Spinnerei steht heute das »Kaufland« mit seinem gigantischen langgestreckten Parkhaus. Und auch der von Hermann Hesse geliebte »Brühl«, der ehemalige Turn- und Festplatz der Stadt, hat sich stark verändert. Nachdem er in den siebziger Jahren dem zunehmenden Autoverkehr als asphaltierter Großparkplatz geopfert wurde, konnte 2001 im Zuge der Neugestaltung der Verkehrsstruktur in diesem Bereich wenigstens ein kleiner Teil von dem ehemals großen Platz als begrünte Parkanlage unter dem alten Namen »Brühl« gerettet werden. Einigermaßen unverändert ist lediglich noch die alte, 1870 eingeweihte, mit Fachwerk versehene Brühl-Turnhalle, in der auch der Schüler Hermann Hesse seine schulischen Turnübungen absolvieren mußte und die er nach dem Zyklon »nur wenig beschädigt« vorfand (vgl. S. 86). Das in der Erzählung ebenfalls erwähnte alte Gasthaus, der ehemalige »Badische Hof«, stand an der Stelle des großen Gebäudekomplexes über der Straße. In diesem sollen in naher Zukunft die sehr erfolgreiche und deshalb unter Platzmangel leidende Musikschule der Stadt, Kinos und eventuell ein Theater Platz finden.

Über eine der Veranstaltungen, eine Zirkusvorführung, die zu Hesses Jugendzeit und bis in unser Jahrhundert hinein häufig auf dem Brühl unter den mächtigen Kastanien stattfanden, berichtet Hermann Hesse in der autobiographischen Erzählung *»Schön ist die Jugend«*:

»Wir sahen auf der Straße, gerade vor unserem Hause, einen Schwarm von Kindern und mitten darin auf einem großen weißen Roß einen feuerrot gekleideten Trompeter, dessen Horn und Habit in der Sonne gleißend prahlte. [...] Da setzte er das Instrument ab, strich den Schnurrbart, stemmte die linke Hand in die Hüfte, zügelte mit der rechten das unruhige Pferd und hielt eine Rede. Auf der Durchreise und nur für diesen einen Tag halte eine weltberühmte Truppe sich im Städtlein auf, und dringenden Wünschen nachgebend, werde er heute abend auf dem Brühel eine ›Galavorstellung in dressierte Pferde, höhere Equilibristik sowie eine große Pantomime‹ geben. Erwachsene bezahlen zwanzig Pfennig, Kinder die Hälfte. Kaum hatten wir gehört und alles gemerkt, so stieß der Reiter von neuem in sein blinkendes Horn und ritt davon, vom Kinderschwarm und von einer dicken weißen Staubwolke begleitet.

[...]

Am Abend zogen wir samt Fritz zur Vorstellung aus, schon unterwegs erregt und lustbarlich entzündet. Auf dem Brühel wogte eine Menschenmenge dunkel treibend umher, Kinder standen mit großen erwartenden Augen still und selig, Lausbuben neckten jedermann und stießen einander den Leuten vor die Füße, Zaungäste richteten sich in den Kastanienbäumen ein, und der Polizeidiener hatte den Helm auf. Um die Arena war eine Sitzreihe gezimmert, innen im Kreise standen ein vierarmiger Galgen, an dessen Armen Ölkannen hingen. Diese wurden jetzt angezündet, die Menge drängte näher, die Sitzreihe füllte sich langsam, und über den Platz und die vielen Köpfe taumelte das rot und rußig flammende Licht der Erdölfakkeln.

Wir hatten auf einem der Sitzbretter Platz gefunden. Eine Drehorgel ertönte, und in der Arena erschien der Direktor mit einem kleinen schwarzen Pferde. Der Hanswurst kam mit und begann eine durch viele Ohrfeigen unterbrochene Unterhaltung mit jenem, die viel Beifall fand.« *Hesse, Schön ist die Jugend, GW 2, S. 381 ff.*

Am unteren Ende des Brühl-Geländes, auf der gegenüberliegenden Straßenseite hinter der Tankstelle beginnt der schöne, mit efeuüberwachsenen Buntsandsteinmauern umgebene Friedhof der Stadt.

Die Grabstätte der Familie Gundert-Hesse findet man, indem man sich gleich nach dem Eingangstor halblinks hält und ca. 80 Schritte entlang der Mauer mit den eingelassenen Grabplatten geht. Das Familiengrab weist fünf Gedenktafeln auf. Zuoberst die für die 1902 verstorbene Mutter Hermann Hesses, Marie Hesse, verwitwete Isenberg, geborene Gundert. Darunter die des 1893 verstorbenen Großvaters Hermann Gundert und seiner acht Jahre zuvor verstorbenen Frau Julie, geborene Dubois. Wieder darunter die Tafel für deren ältere Schwester Uranie Dubois, die in den Jahren 1872 bis 1885 in Calw wohnte. Und zuletzt die Tafel für Hermann Hesses Onkel Friedrich Gundert (1847-1925) und seine Frau Emma, geborene Heermann (1848-1918), Hermann Hesses Patentante. Hermann Hesses Vater ist nicht auf dem Calwer Friedhof beigesetzt, da er seine letzten Lebensjahre in Korntal bei Stuttgart verbrachte.

11 Onkel Friedrichs Haus in der unteren Bischofstraße und das Calwer Heimatmuseum

Vom Friedhofsausgang gehen wir am Brühl entlang zur alten Turnhalle zurück und von dort geradeaus die Bischofstraße hoch. Der Gebäudekomplex unmittelbar neben der Turnhalle, der zu einem modernen Ladengeschäft umgebaut ist, war ab 1898 das Fabrikgebäude der expandierenden Turmuhrenfabrik Perrot, bei der an anderem Ort (siehe S. 26, 61 und 96) Hermann Hesse 1894/95 seine Mechanikerlehre absolviert hat.

Auf der Höhe des von der Ledergasse über die Nagold herüberführenden Weinstegs steht das große, durch seinen fremdländischen Baustil mit den Gewölben und vielen Sprossenfenstern auffallende »Steinhaus«, in dem Hermann Hesses Onkel Friedrich Gundert wohnte, der jüngere Bruder der Mutter, Dirigent des Calwer Kirchengesangvereins (vgl. S. 73) und Geschäftsführer des Calwer Verlagsvereins.

Die untere Bischofstraße um 1900. Das weiße Haus mit dem Doppelgiebel ist Onkel Friedrichs Haus. Darüber der Hohe Felsen

In der Erzählung *»Herr Claasen«* beschreibt Hermann Hesse das Haus, das weitgehend unverändert geblieben ist, als *»eins der ältesten und schönsten Häuser der Stadt [...], ein in den Berg gebautes großes Haus aus Klosterzeiten, zu dessen Eingangstür man im Freien eine gewaltige Treppe bis zur Höhe des ersten Stockwerks emporstieg und dessen Zimmer meterdicke Wände und massive Dekkengewölbe hatten«*.

Das »Steinhaus« wurde 1698 für einen Teilhaber der »Calwer Zeughandels-Compagnie« gebaut. Seinen eigentümlichen, sich von der sonstigen Architektur der Stadt abhebenden Baustil erhielt es durch Südtiroler Bauarbeiter, die es nach heimischen Vorbildern errichteten.

Das Rokoko-Palais, das rechts an den Gartenaufgang des »Steinhauses« angrenzt, ist das heutige Heimatmuseum der Stadt Calw, in dem bis 1990 auch die Hermann-Hesse-Gedenkstätte untergebracht war. Gebaut wurde dies wohl herrschaftlichste Haus der

Stadt, wie auch das Verlagsvereinshaus, die beiden klassizistischen Gebäude links und rechts des Zugangs zur Nikolausbrücke und das Schüzsche Haus am Marktplatz, von dem herzoglich-württembergischen Baumeister Reinhard Ferdinand Fischer (1746-1812). Bauherr war zwischen 1787 und 1791 der Leiter der reichen Calwer Holzhandelsgesellschaft, Johann Martin Vischer.

Die Besichtigung des Heimatmuseums im Palais Vischer ist durchaus auch im Zusammenhang mit Hermann Hesse von Interesse. Hier wird sehr anschaulich die Tradition der Stadt und der sie umgebenden Kulturlandschaft vor Augen geführt, die auch auf Hesse prägende Einflüsse gehabt hat. Im einzelnen zeigt das Museum Dokumente und Anschauungsmaterialien zur Stadtgeschichte, zu den heimischen Gewerben der Gerber, Tuchmacher und Flößer, zur Volkskunst und zur bäuerlichen Lebensweise im Calwer Hinterland, dem sogenannten Calwer Wald.

Weitere Gänge in Calw auf Hesses Spuren

12 Spaziergang zum Hohen Felsen

Vom Stadtrundgang zurückgekehrt zum neuen Bahnhof (ZOB) neben dem Hesseschen Vaterhaus, bietet sich als nächste Exkursion ein Spaziergang zum Hohen Felsen an, einem Lieblingsort Hermann Hesses, der steil oberhalb des Vaterhauses liegt. Von dem schönen von Bäumen umstandenen Fleck, hoch über der Bischofstraße gelegen, auf dem heute das Denkmal der Stadt für die Toten der beiden Weltkriege steht, hat man einen guten Überblick über die sich im Tal drängende Altstadt.

Um zum Hohen Felsen zu gelangen, muß man vom neuen Bahnhof die Straße am Verlagsvereinshaus und Hans Giebenrath-Haus vorbei bis zur Eisenbahndoppelbrücke am Beginn der Stuttgarter Straße gehen. Unmittelbar hinter dieser zweigt links die Hengstetter Steige ab und von dieser nach ca. 50 Metern wiederum links der Fußgängern vorbehaltene Hohefelsenweg, der entlang der Bahnlinie ansteigt. Auf ihm gelangt man zur höher gelegenen Eduard-Conz-Straße und diese bergaufwärts überquerend zum Hohen Felsen.

Hermann Hesse hat von seinem Vaterhaus in der Bischofstraße

meist einen kürzeren, aber gefährlichen und verbotenen Weg zum Hohen Felsen genommen. Er ist über die Bahngleise und dann praktisch in der Direttissima den Hang hoch; in seiner Erzählung *»Der Zyklon«* beschreibt er diesen Aufstieg:

»Eines Morgens verließ ich unser Haus und ging meinem Vergnügen nach, ein Buch und ein Stück Brot in der Tasche. Wie ich es in der Bubenzeit gewohnt gewesen war, lief ich zuerst hinters Haus in den Garten, der noch im Schatten lag. […]

Nachdenklich kletterte ich über den Zaun, eine blaue Windenblüte streifte mir das Gesicht, ich riß sie ab und steckte sie in den Mund. Ich war nun entschlossen, einen Spaziergang zu machen und vom Berg herunter auf unsere Stadt zu sehen. […]

Beim Bahndamm, wo der hohe Ginster stand, lief mir eine grüne Eidechse vor den Füßen weg […].

Ich hielt Umschau, ob nicht der Bahnwärter in der Nähe sei, und da nichts zu sehen und zu hören war, sprang ich schnell über die Geleise und kletterte jenseits an den hohen roten Sandsteinfelsen empor, in welchen da und dort noch die geschwärzten Sprenglöcher vom Bahnbau her zu sehen waren. Der Durchschlupf nach oben war mir bekannt, ich hielt mich an den zähen, schon verblühten Ginsterbesen fest. In dem roten Gestein atmete eine trockene Sonnenwärme, der heiße Sand rieselte mir beim Klettern in die Ärmel, und wenn ich über mich sah, stand über der senkrechten Steinwand erstaunlich nah und fest der warme leuchtende Himmel. Und plötzlich war ich oben, ich konnte mich an dem Steinrande aufstemmen, die Knie nachziehen, mich an einem dünnen, dornigen Akazienstämmchen festhalten und war nun auf einem verlorenen, steil ansteigenden Graslande.

Diese stille kleine Wildnis, unter welcher in steiler Verkürzung die Eisenbahnzüge wegfahren, war mir früher ein lieber Aufenthalt gewesen. Außer dem zähen, verwilderten Grase, das nicht gemäht werden konnte, wuchsen hier kleine, feindornige Rosensträucher und ein paar vom Wind ausgesäte, kümmerliche Akazienbäumchen, durch deren transparente Blätter die Sonne schien. Auf dieser Grasinsel, die auch von oben her durch ein rotes Felsenband abgeschnitten war, hatte ich einst als Robinson gehaust, der einsame Landstrich gehörte niemandem, als wer den Mut und die Abenteuerlaune hatte, ihn durch senkrechtes Klettern zu erobern. Hier hatte ich als Zwölfjähriger mit dem Meißel meinen Namen in den Stein gehauen, hier hatte ich einst die Rosa von Tannenburg gelesen und ein kindliches Drama gedichtet, das vom tapferen Häuptling eines untergehenden Indianerstammes handelte. [...]

Um nur etwas zu tun und mich leben zu fühlen, beschloß ich, vollends auf den Berg zu steigen, so mühsam es von hier aus war. Da droben war man hoch über dem Städtchen und konnte in die Ferne sehen. Im Sturm lief ich die Halde hinan bis zum oberen Felsen, klemmte mich zwischen den Steinen empor und zwängte mich auf das hohe Gelände, wo der unwirtliche Berg in Gesträuch und lockeren Felsentrümmern verlief. In Schweiß und Atemklemme kam ich hinan und atmete befreiter im schwachen Luftzug der sonnigen Höhe. [...]

Auf dem obersten Felsen, wo wir als Schulknaben stets unsere Herbstfeuer angezündet hatten, hielt ich an und wendete mich um. Da sah ich tief im halbschattigen Tale den Fluß aufglänzen und die weißschaumigen Mühlenwehre blitzen und eng in die Tiefe gebettet unsere alte Stadt mit braunen Dächern, über denen still und steil der blaue mittägliche Herdrauch in die Lüfte stieg. Da stand meines Vaters Haus und die alte Brücke.«

Hesse, Der Zyklon, GW 2, S. 396 ff. und 401 f.

Auf dem Hohen Felsen hat sich der junge Hermann Hesse häufig und gern aufgehalten. Er hat den Platz aber nicht nur der schönen Aussicht wegen geliebt, sondern auch, weil er abseits der Stadt lag und dadurch ein geeigneter Ort für allerhand Spiele und Experimente war. In der Erzählung *»Herr Claasen«* berichtet er über ein solches Experiment:

»Als Maulbronner Seminarist, die hebräische Grammatik und ein eher schlechtes Zeugnis im Köfferchen neben den flickbedürftigen Kleidern kam ich einst wieder in die Ferien nach Hause. In der Vorstellung, die ich damals von mir selbst hatte, war ich eigentlich ein so gut wie erwachsener und schon ziemlich gelehrter junger Mann, doch hinderte dies mich nicht, voll Vergnügen und Leidenschaft in allerlei ziemlich kindliche Spiele und Beschäftigungen zurückzusin-

ken, wobei ich vor mir selbst die Ausrede hatte, es geschehe meinem jüngeren Bruder Hans zuliebe, welcher kaum erst mit dem Lateinlernen begonnen hatte. Zu meinen damaligen Spielereien gehörte das Anfertigen von Feuerwerk nach Hörensagen und nach eigener Erfindung, wobei Salpeter das Hauptmaterial war. Ich hatte eine Anzahl von teils knallenden, teils von leuchtenden und farbigen Präparaten vorbereitet und wollte diese nun, zusammen mit Hans, an einem günstigen Abend auf einem Felsen über der Stadt loslassen. [...] Oben auf unserem Felsen machten wir uns mit dem Aufbauen und Auslegen unserer Sachen viel zu schaffen, es war stockdunkel, kaum konnten wir einander sehen, und jedesmal, wenn eine unsrer Lichtbeschwörungen verpufft war, standen wir blind und mußten eine Weile warten und um uns tasten, um uns wieder zurechtzufinden. [...] und am Ende war so ziemlich alles abgebrannt und schien uns Brüdern wohlgeglückt. Nur ein flaches längliches Kartongehäuse, ein Produkt meiner Spekulation, war nicht losgegangen, der Zunder mußte erloschen oder abgefallen sein. Ich suchte danach und brauchte lang, bis ich das Ding fand. Als ich es am Boden mit der Hand ertastet hatte, zog ich es an mich und beugte mich im Finstern darüber, um nachzusehen, aus welchem Grunde es versagt habe. Und eben als ich die kleine Teufelsknarre mir dicht vor die Augen hielt, ging der Kobold unbegreiflicherweise doch noch los; für einen schrecklich schönen Augenblick war die Welt, von meiner Hand und dem kleinen Karton in ihr beginnend bis zum Scheitel des Himmels hinauf, ein einziges riesig flammendes Licht, eine ungeheure Woge von Gluthauch wehte mich an und schloß sich saugend um mich zusammen. Es folgte darauf eine tiefe Finsternis, die sich nicht wieder lichten wollte, und ein Augenblick der Leere und Betäubung, dann erwachte ich in glühenden Schmerzen, und mein erster entsetzter Gedanke war, nun sei ich blind. Ich versuchte die Augen zu öffnen, und da es nicht ging, tastete ich mit den Händen nach ihnen, und fand das ganze Gesicht als eine brennende Wunde, die Lider von einem heißen Schleim aus Pulverdampf, verbrannter Haut, verbrannten Haaren und etwas Blut bedeckt und unlöslich zusammengeklebt. Erst eine lange Weile später, als ich unten in der Stadt an einen Brunnen geführt wurde und mir das Gesicht abzuwaschen versuchte, gingen die Augen ein wenig auf, ich hielt die Hand davor und konnte die Hand sehen, und die Freude darüber, daß ich noch sehe, war für einen Augenblick überwältigend, dann aber schlugen die Schmerzen wie Höllenqualen über mir zusammen.

Ich lag nun viele Tage in meinem Zimmerchen im Bett, den ganzen Kopf in einen dicken Brandverband eingebunden, an welchem – was meinen Geschwistern besonders bemitleidenswert schien – über dem Mund ein kleiner Spalt offengelassen war, durch den ich atmen und etwas flüssige Nahrung einnehmen konnte.

Hesse, Herr Claasen, GW 10, S. 183 ff.

Wer vom Hohen Felsen nicht wieder auf demselben Weg in die Stadt zurückgehen möchte, kann zum Hohenfelsenweg zurückkehren und diesen in die andere Richtung bergabwärts gehen. Diesen Weg hat auch Hermann Hesse in der Erzählung *»Der Zyklon«* eingeschlagen:

»Es war nicht mehr lange bis Mittag. Die Lust am Klettern war mir verflogen, nachdenklich stieg ich den Fußweg nach der Stadt hinab, unter der kleinen Eisenbahnbrücke durch, wo ich in früheren Jahren jeden Sommer in den dichten Brennesseln die dunkeln pelzigen Raupen der Pfauenaugen erbeutet hatte, und an der Friedhofsmauer vorbei, vor deren Pforte ein moosiger Nußbaum dichten Schatten streute. Das Tor stand offen und ich hörte von drinnen den Brunnen plätschern. Gleich nebenan lag der Spiel- und Festplatz der Stadt, wo beim Maienfest und am Sedanstag gegessen und getrunken, geredet und getanzt wurde. Jetzt lag er still und vergessen im Schatten der uralten, mächtigen Kastanien, mit grellen Sonnenflecken auf dem rötlichen Sande.« *Hesse, Der Zyklon, GW 2, S. 403*

Auf diese Weise kommt man über den Brühl und die Bischofstraße wieder zum neuen Bahnhof zurück (vgl. Etappe 11, S. 89).

Eine andere sehr reizvolle Möglichkeit, die allerdings mit weiterem Steigen verbunden ist, besteht darin, vom Hohen Felsen den Fußweg, der oberhalb des Kreiskrankenhauses bergaufwärts führt, hinaufzugehen bis zum oberen Bahndamm der stillgelegten Linie Calw–Weil der Stadt, von dem man eine beeindruckende Panoramasicht auf die Stadt hat.

13 Spaziergang zum alten Calwer Bahnhof, zum Krappen und zum Öländerle

»Wenn ich jetzt etwa wieder einmal nach Calw komme, dann gehe ich langsam vom Bahnhof hinab, an der katholischen Kirche, am Adler und am Waldhorn vorbei und durch die Bischofstraße ... « – Dieser von Hermann Hesse beschriebene Weg (siehe S. 11) soll im folgenden in umgekehrter Richtung gegangen werden, vom Elternhaus in der Bischofstraße zum alten Bahnhof vor der Stadt draußen.

Das von Hermann Hesse erwähnte Hotel »Waldhorn« war im linken der beiden großen Häuser untergebracht, die in der Bischofstraße den Zugang zur Nikolausbrücke flankieren; heute findet man in diesem Haus ein »Bier-Pub«, das nach Hesses Figur »Demian« benannt ist. Auch der zweite Gasthof, den Hesse erwähnt, der »Adler«, existiert nicht mehr. Das schöne Fachwerkgebäude stand unterhalb von den Eisenbahnbrücken an der Ecke Stuttgarter Straße/ Bahnhofstraße und mußte Anfang der 70er Jahre dem Automobilverkehr geopfert werden. In diesen Gasthof ließ Hermann Hesse in *»Unterm Rad«* jeden Freitag den Vater von Hans Giebenrath zum Kegelschieben gehen.

Wenn man von der Verkehrskreuzung, dem »Adlereck«, in die Bahnhofstraße hineingeht, findet man am vierten Haus auf der rechten Straßenseite ein Schild, das verkündet, daß hier die Stammwerkstatt der Firma Perrot untergebracht gewesen sei und Hermann Hesse in diesem Haus seine Mechanikerlehre absolviert habe. Von dieser Information ist nur der erste Teil korrekt. In diesem Haus hat zu Hesses Jugend der Mechanikermeister und Turmuhrenkonstrukteur Johann Immanuel Perrot (1835-1898) seine Werkstatt gehabt. Hermann Hesse hat aber nicht bei diesem, sondern bei dessen Sohn Heinrich (1864-1948) gelernt, der eine Filialwerkstatt in einem Anbau des (bereits zu Beginn unseres Jahrhunderts abgerissenen) Mühlengebäudes am Beginn der Ledergasse leitete; heute steht dort das Parkhaus des »Calwer Marktes« (siehe Stadtrundgang, Etappe 5, S. 61). Der Name Perrot ist französischen Ursprungs; er kam um 1700 mit den aus Glaubensgründen aus Südfrankreich vertriebenen Waldensern in den Raum Calw, wo die Waldenser das Dorf Neuhengstett gründeten. Hermann Hesse läßt

Auf dem Weg von der Bischofstraße zur Bahnhofstraße. Diesen Weg muß der Missetäter Hermann in »Kinderseele« mit dem Vater gehen

in seinem Roman *»Das Glasperlenspiel«* einen Erfinder namens Bastian Perrot auftreten.

Zwei Häuser weiter befand sich bis vor kurzem eine Konditorei (jetzt ein Café-Pub), die es an dieser Stelle schon zu Hesses Jugendzeit gab. Die damalige »Konditorei Haager« spielt in Hesses Erzählung *»Kinderseele«* eine Rolle. Hermann, der aus dem väterlichen Zimmer getrocknete Feigen gestohlen hat, lügt dem Vater, der die Feigen im Kinderzimmer entdeckt, vor, er habe diese von Erspartem beim Konditor Haager gekauft. Der Vater fordert ihn daraufhin auf, ihn zu der Konditorei in der Bahnhofstraße zu begleiten, um den Konditor zu befragen:

»Wir gingen. Ich schob meine Mütze gerade, steckte eine Hand in die Tasche und versuchte neben ihm daher zu gehen, als sei nichts Besonderes los. Obwohl ich wußte, daß alle Leute mir ansahen, ich sei ein abgeführter Verbrecher, versuchte ich doch mit tausend Künsten, es zu verheimlichen. Ich bemühte mich einfach und harmlos zu atmen; es brauchte niemand zu sehen, wie es mir die Brust zusammenzog.

Ich war bestrebt, ein argloses Gesicht zu machen, Selbstverständlichkeit und Sicherheit zu heucheln. Ich zog einen Strumpf hoch, ohne daß er es nötig hatte, und lächelte, während ich wußte, daß dies Lächeln furchtbar dumm und künstlich aussehe. In mir innen, in Kehle und Eingeweiden, saß der Teufel und würgte mich.

Wir kamen am Gasthaus vorüber, beim Hufschmied, beim Lohnkutscher, bei der Eisenbahnbrücke. Dort drüben hatte ich gestern abend mit Weber gekämpft. Tat nicht der Riß beim Auge noch weh? Mein Gott! Mein Gott! Willenlos ging ich weiter, unter Krämpfen um meine Haltung bemüht. An der Adlerscheuer vorbei, die Bahnhofstraße hinaus. Wie war diese Straße gestern noch gut und harmlos gewesen! Nicht denken! Weiter! Weiter!

Wir waren ganz nahe bei Haagers Haus. Ich hatte in diesen paar Minuten einige hundertmal die Szene voraus erlebt, die mich dort erwartete. Nun waren wir da. Nun kam es.

Aber es war mir unmöglich, das auszuhalten. Ich blieb stehen.

»Nun? Was ist?« fragte mein Vater.

»Ich gehe nicht hinein«, sagte ich leise.

Er sah zu mir herab. Er hatte es ja gewußt, von Anfang an. Warum hatte ich ihm das alles vorgespielt und mir so viel Mühe gegeben? Es hatte ja keinen Sinn.

»Hast du die Feigen nicht bei Haager gekauft?« fragte er.

Ich schüttelte den Kopf.

»Ach so«, sagte er mit scheinbarer Ruhe. »Dann können wir ja wieder nach Hause gehen.« *Hesse, Kinderseele, GW 5, S. 199f.*

Der Vater läßt die Strafe gnädig ausfallen, ein Nachmittag Arrest in einer dunklen Dachkammer. Der findige Sohn verkürzt sich die Zeit, indem er einen Dachziegel anhebt und so genügend Licht zum Lesen hat.

Von der verglasten Terrasse des Cafés bzw. Pubs hat man einen schönen Blick auf die Nagoldpartie in Richtung Nikolausbrücke. Ebenfalls einen idyllischen Blick auf die Nagold hat man von dem Steg, der ca. 150 Meter weiter oben zur Badgasse hinübergeht. Wir gehen aber die Bahnhofstraße weiter geradeaus hinauf und kommen zur von Hesse erwähnten katholischen Kirche. Zu Hesses Jugendzeit kamen im Oberamt Calw auf rund 30000 protestantische Einwohner gerade 1300 Katholiken, die hier in Calw ihre einzige Gemeinde und Kirche hatten.

Zum Bahnhof ist es nun nur noch ein kurzes Wegstück, das durch eine kleine Anlage führt. Der große Sandsteinbau mit seinen beiden Flügelhäusern und dem dazwischen ausgespannten Wartesaaltrakt war im letzten Jahrhundert Calws großer Stolz. Um 1870 erbaut, gilt das Gebäude als Muster eisenbahnerischer Architektur der Frühzeit und ist deshalb heute unter Denkmalschutz gestellt, gehört aber seit der Eröffnung des neuen Bahnhofs in der Stadtmitte nicht mehr der Bahn. Zur Atmosphäre des Bahnhofs im letzten Jahrhundert sei auf die Schilderung Hesses verwiesen, die im vorliegenden Band auf S. 32 zitiert ist. Eine weitere Ankunftsszene auf dem Calwer Bahnhof schildert Hesse in der Erzählung *»Die Heimkehr«*, in welcher der Gerbersohn August Schlotterbeck nach langen Jahren in Amerika und Rußland als »gemachter Mann« in seine Heimatstadt Gerbersau (Calw) zurückkehrt:

»Am Bahnhofe stieg Herr Schlotterbeck aus [...]. Er fand an der Station die Knechte von drei Gasthöfen, was ihm Eindruck machte, und da der eine auf seiner Mütze den Namen des alten Gasthauses zum Schwanen trug, dessen sich Schlotterbeck aus der Vergangenheit her erinnerte, gab er diesem sein Gepäck und ging allein zu Fuß stadteinwärts.

[...] Zunächst wandelte er durch die etwas veränderte Bahnhofstraße dem Flusse zu, auf dessen grünem Spiegel wie sonst die Gänse schwammen und dem wie ehemals die Häuser ihre ungepflegten Rückseiten und winzigen Hintergärtchen zukehrten. Dann schritt er über den oberen Steg und durch unveränderte, arme enge Gassen der Gegend zu, wo einst die Schlotterbecksche Weißgerberei gewesen war. Da suchte er jedoch das hohe Giebelhaus und den großen Grasgarten mit den Lohgruben vergebens. Das Haus war verschwunden und der Garten und Gerberplatz überbaut.«

Hesse, Die Heimkehr, GW 3, S. 313 ff.

Wer vom Bahnhof gleich wieder in die Stadt zurückkehren möchte, kann dabei diesen Weg des August Schlotterbeck nehmen, der unterhalb der katholischen Kirche über den bereits erwähnten

Badsteg zur Badgasse hinüberführt. Das sehenswerte Gebäude der letzten Calwer Gerberei, die freilich auch nicht mehr in Betrieb ist, findet man hierbei in der Badgasse hinter dem dortigen Reformhaus. Mittlerweile haben engagierte Bürger aus dem Gerbergebäude ein sehr interessantes Gerberei-Museum gestaltet, dessen Besichtigung für das Verständnis von »Gerbersau« sehr hilfreich ist.

Es besteht aber auch die Möglichkeit, den Spaziergang vom Bahnhof aus noch ein Stück stadtauswärts zum 300 m entfernten »Krappen« und zum »Öländerle« auszudehnen. Der »Krappen«, eine Ansammlung von stattlichen, von der Bahn im letzten Jahrhundert für ihre Bediensteten gebauten Mietshäusern, wird in einigen Erzählungen Hesses erwähnt. Hier wohnte Hermann Hesses Schulkamerad Otto Weber, der Sohn eines Eisenbahnkondukteurs. Dieser taucht unter dem Namen Oskar Weber in der Erzählung *»Kinderseele«* und unter dem Namen Otto Weller in der Erzählung *»Unterbrochene Schulstunde«* auf. In beiden Erzählungen erwähnt Hermann Hesse, daß dieser ihn durch die Mitteilung beeindruckt habe, daß sein Vater bei der Bahn am Tag sieben Mark verdiene. Otto Weber fälschte im Herbst 1888 die Unterschrift seines Vaters unter ein schlecht ausgefallenes Zeugnis. Hermann Hesse wurde daraufhin vom Lehrer zur Aufdeckung dieses Sachverhalts zu dessen Eltern in den »Krappen« geschickt (vgl. S. 68). Der Name des Quartiers soll von einem ehemaligen Gasthaus »Zum Krappen« (schwäbisch für: »Zum Raben«) kommen. In der Erzählung *»Hans Dierlamms Lehrzeit«* spielt dieses als Gasthaus »Zu den drei Raben« eine Rolle.

Das »Öländerle« liegt noch ca. 200 weiter, hinter der scharfen Kurve der Bundesstraße. Der Name der kleinen Siedlung kommt von einer Ölmühle, die hier einstmals stand. Im Biergarten der Gaststätte »Öländerle« trifft in der Erzählung *»Der Lateinschüler«* die Tine den Zimmermannsgesellen, mit dem sie sich dann verlobt. Die Gaststätte existierte noch bis 1996; der Biergarten verschwand schon sehr viel früher. Er war im letzten Jahrhundert vermutlich zwischen den Häusern und der Nagold, wo heute die Bundestraße entlangführt, die früher vor dem Öländerle bei dem jetzigen Fußgängersteg mit einer Brücke auf die andere Nagoldseite wechselte.

Vom Öländerle aus sind zwei Wege in die Stadt zurück zu empfehlen: Der eine geht vor dem ersten Haus im Zickzack den Berg hoch und mündet dann in einen ebenen Waldweg, der oberhalb des Bahngeländes stadteinwärts führt. Auf diesem Weg hat man, besonders auf der hoch über der Bahnhofstraße gelegenen Uhlandhöhe, sehr schöne Blicke auf die Stadt. Der andere Weg führt über den Steg auf die andere Seite der Nagold und dort auf dem Walkmühleweg entlang des Flusses auf schönem, beschaulichem Weg zurück in Richtung Stadt zur Badgasse. Dabei kommt man an einem Stauwehr bei einem Fabrikgebäude vorbei; oberhalb davon ist wahrscheinlich die Stelle, an der Hesse in *»Unterm Rad«* Hans Giebenrath sein befreiendes Bad nehmen läßt, nachdem dieser vom Landexamen aus Stuttgart zurückgekommen ist:

»Er ging weit vor die Stadt hinaus zur ›Waage‹, wo das Wasser tief und langsam zwischen hohem Gebüsch dahinfließt. Dort entkleidete er sich, steckte die Hand und darauf den Fuß tastend ins kühle Wasser, schauderte ein wenig und warf sich dann mit schnellem Sturz in den Fluß. Langsam gegen die schwache Strömung schwimmend, fühlte er Schweiß und Angst dieser letzten Tage von sich gleiten, und während seinen schmächtigen Leib der Fluß kühlend umarmte, nahm seine Seele mit neuer Lust von der schönen Heimat Besitz. Er schwamm rascher, ruhte, schwamm wieder und fühlte sich von einer wohligen Kühle und Müdigkeit umfangen. Auf dem Rücken liegend, ließ er sich wieder flußab treiben, horchte auf das feine Summen der in goldigen Kreisen schwärmenden Abendfliegen, sah den Späthimmel von kleinen, raschen Schwalben durchschnitten und von der schon verschwundenen Sonne hinter den Bergen rosig beglänzt. Als er wieder in den Kleidern war und träumerisch nach Hause schlenderte, war das Tal schon voll Schatten. Er kam am Garten des Händlers Sackmann vorbei (...) und am Kirchnerschen Zimmerplatz, wo die weißen Tannenbalken herumlagen, unter denen er früher immer Regenwürmer zum Angeln gefunden hatte. Er kam auch am Häuschen des Inspektors Geßler vorüber, dessen Tochter Emma er vor zwei Jahren auf dem Eis so gern den Hof gemacht hätte.«

Hesse, Unterm Rad, GW 2, S. 28

Wanderungen nach Hirsau, Zavelstein und Teinach

In einem Brief nach Calw aus dem Jahr 1952 erinnert sich Hermann Hesse *»an viel Liebes und Schönes, das wir dort [in Calw] einst gekannt und gehabt haben: [...] die Gänge nach Hirsau und nach Zavelstein, zur Annabuche und zum Öländerle.«* Der Weg zum Öländerle ist bereits oben beschrieben worden. Im folgenden sollen nun noch in aller Kürze die schönen Wege nach Hirsau und an der Annabuche vorbei nach Zavelstein und Teinach beschrieben werden.

14 Wanderung durch den Hirsauer Wiesenweg nach Hirsau

Spaziergänge in das nur 1-2 km unterhalb von Calw gelegene schöne Örtchen Hirsau mit seiner beeindruckenden Klosterruine hat die Familie Hesse häufig unternommen. Immer wieder hat man Verwandten und anderen Besuchern das Kloster als bedeutendste Sehenswürdigkeit der Gegend gezeigt. Zudem hatte man verwandtschaftliche Beziehungen nach Hirsau.

Den Weg von Calw nach Hirsau hat Hermann Hesse in einem seiner Werke beschrieben, und zwar in der zur Zeit des Dreißigjährigen Krieges, als das Kloster Hirsau noch bestand, spielenden Erzählung *»Berthold«*. Berthold, der Calwer Kaufmannssohn, der im Kloster seine Schulausbildung erhält, geht diesen Weg jeden Tag:

»Mitten durch das Städtlein rann der schmale, schnelle Fluß. Sein oberes Tal war eng, zwischen zwei Züge waldiger Berge gedrängt, und bot nur für einige flache Äcker, eine alte stille Landstraße und berganwärts für wenige, abschüssige und magere Wiesen Platz. [...]

Flußabwärts hingegen führte ein wohlgehaltener Weg bald dicht am Ufer, bald durch Kornland und Wiesen das Tal hinab, das nach kurzer Weile breiter und fruchtbarer wurde. Die Berge flohen auf beiden Seiten zurück, einem breiteren und fetteren Boden Raum gebend, und bald tat sich eine gar schöne, sonnige Talebene auf, durch eine Krümme vor dem Nordwind geschützt. Während oberhalb sowie auch schon eine kleine Stunde weiter abwärts das Tal arm und rauh war und der ganze Reichtum des Landes in den Bergwäldern bestand, prangte hier still und abgeschlossen ein kleines Land mit Frucht und Obst wie ein Paradiesgärtlein zwischen den grünen Bergen. Inmitten lag breit und satt in wohligem Frieden ein Kloster samt Meierei und Mühle, und wer müde auf der Talstraße vorüberwanderte und hinüberschaute und in dem erhöht gelegenen Garten unter laubigen Bäumen die Brüder in weißen Kutten langsam wandeln sah, dem mochte der friedsame Ort eine köstliche und gesegnete Zuflucht scheinen.

Den fröhlichen Wiesenweg von der Stadt zum Kloster hinab wanderte in seinen Knabenjahren Berthold fast jeden Tag. Er ging im Kloster zur Schule, und es war von seinem Vater bestimmt, daß der Knabe in den geistlichen Stand treten sollte.«

Hesse, Berthold, GE 2, S. 140

Den »*fröhlichen Wiesenweg*« gibt es heute noch. Er heißt auch jetzt noch Hirsauer Wiesenweg, obwohl er natürlich längst geteert ist. Man findet ihn, wenn man ans untere Ende der Ledergasse, dann durch die Inselgasse oder am Nagoldufer entlang des »Kauflands« bis zum neuen Feuerwehrmagazin der Stadt geht und dort geradeaus das kleine, talabwärtsführende Sträßchen einschlägt.

In Hirsau führt das Sträßchen direkt auf das jenseits einer großen Kreuzung liegende Hotel »Kloster Hirsau« zu. In diesem Gebäude, dem ehemaligen »Gasthaus zum Hirsch und Lamm«, wohnten zu Hesses Jugendzeit Verwandte der Familie Hesse, die Familie Feldweg. 1887 hatte Mutter Hesses jüngerer Bruder David eine Tochter aus diesem Haus geehelicht. Als der aus dieser Ehe hervorgegangene Japanologe Wilhelm Gundert Hesse 1954 besucht, schreibt Hesse folgende Erinnerung an dieses Haus nieder:

»[...] ein großes Haus mit vielen Räumen, deren Mehrzahl man niemals betreten und über deren Bestimmung man als Knabe sich Gedanken gemacht hatte, im Garten der Dirlitzenbaum und der mit den grünen Jacobi-Äpfeln und der immerzu kühl plätschernde steinerne Brunnen, in dessen schattig dunkler Tiefe ein Fisch hauste, eine starke Forelle, die zu besuchen und zu belauern ich bei keinem Wiedersehen versäumte. Es überlief mich ein Schauer von Freude und Unheimlichkeit, als Wilhelm mir sagte, daß diese Forelle, über deren

Hirsau in früherer Zeit. Vorne die alte Brücke mit der Ölmühle, dahinter das »Haus zum Hirsch und Lamm«, wo Verwandte der Hesses wohnten

hohes Alter wir bald vor siebzig Jahren Vermutungen anstellten, noch heute lebe und im bemoosten alten Steintroge hause. Ich merkte erst später, als mein Gast wieder fort war, daß ich versäumt hatte, ihn zu fragen, ob er diese Kunde nur vom Hörensagen habe oder selbst wieder dort gewesen, das uralte Tier gesehen und wiedererkannt habe. Ich glaube, ich unterließ die Frage weniger aus Zerstreutheit als aus Scheu davor, die Legende vielleicht zerstört zu sehen. Denn die Forelle im riesigen Steintrog im Garten des Hauses zum Hirsch und Lamm gehört von Knabenzeiten her für mich zu Hirsau als ebenso wichtige und ehrwürdige Erscheinung wie der Eulenturm, die große Ulme und die herrliche Nagoldbrücke mit der Ölmühle.« *Hesse, Rundbrief aus Sils-Maria, GW 10, S. 386*

Der aus der Renaissancezeit stammende Brunnen mit dem großen Steintrog, der einst aus dem an das Kloster angebauten herzoglichen Jagdschlößchen hierher verpflanzt wurde, steht noch vor dem Haus. Von dem einstigen Garten vor dem Haus sind nur noch Teile vorhanden, der Rest ist zum Parkplatz für die Hotelgäste geworden; Apfelbäume sind keine mehr zu sehen. Dafür gibt es aber noch die alte herrliche Nagoldbrücke, die eine würdige Entsprechung zur Calwer Nikolausbrücke ist. Sie dient immer noch als Hauptverkehrsbrücke von Hirsau, und an ihrem dem Klosterhotel zugewandten Ende steht noch, gleichsam wie ein Brückenhaus, das malerische Gebäude der alten Ölmühle mit seinem unverwechselbaren pagodenähnlichen Dach. Auf der Verlustseite muß man dagegen die von Hesse erwähnte große Ulme verbuchen, womit er wohl die berühmte, von Ludwig Uhland in einem Gedicht besungene Ulme meinte, die zum Dach der Ruine des 1592 erbauten, 1692 aber bis auf den Ostflügel zerstörten herzoglichen Renaissanceschlosses hinausragte. Sie ist dem Ulmensplintkäfer zum Opfer gefallen und mußte 1989 gefällt werden.

Der Eingang zum Kloster St. Peter und Paul befindet sich nur wenige Schritte oberhalb des Klosterhotels. Die mächtige Klosteranlage ist zum Teil nur noch in Bruchstücken und Grundrissen vorhanden, die aber sehr pittoresk und beeindruckend sind. Ganz erhalten ist noch der von Hesse erwähnte Eulenturm mit seinen Figurenfriesen. Einen Überblick über die ins 9. Jahrhundert zurückgehende Geschichte des Klosters Hirsau erhält man im Klostermuseum, das in einem Gebäude des älteren, kleineren Aureliusklosters auf der anderen Seite der Nagold untergebracht ist. Man erreicht dieses über die alte Nagoldbrücke nach ca. 50 m.

Vom Kloster Hirsau ist die Familie Hesse häufig in das hier ins Nagoldtal einmündende idyllische Schweinbachtälchen weitergewandert zum ca. 2 km oberhalb gelegenen (jetzt geschlossenen) Waldgasthaus »Bleiche«. Tälchen und Gasthaus sind auch in Hesses Erzählung *»Schön ist die Jugend«* (GE 2, S. 102 ff.) Ausflugsziel und Schauplatz einer Romanze.

15 Wanderung nach Zavelstein und Bad Teinach

Auch Zavelstein, das ca. 6 km von Calw entfernte Bergstädtchen mit seiner romantischen Burgruine, und das Heilbad Teinach waren beliebte Ausflugsziele der Familie Hesse. So schreibt z. B. die Mutter Hesse am 31. Juli 1895 an ihren zur Kur in Freudenstadt weilenden Mann, daß Hermann mit seiner Schwester Adele und zwei Verwandten auf einer Wanderung nach Zavelstein und Teinach unterwegs sei. Sicherlich ist die Familie auch manches Jahr im März nach Zavelstein gewandert, um die weithin berühmte Krokusblüte zu sehen.

Literarisch hat Hermann Hesse eine solche Wanderung nach Zavelstein in seiner Erzählung *»Die Verlobung«* (GE 2, S. 307 ff.) wiedergegeben. Darin läßt er den Gerbersauer Kirchengesangverein seinen Osterausflug in ein eine Stunde oberhalb der Stadt gelegenes Dorf mit einer Burgruine machen, als dessen Vorbild Zavelstein vermutet werden darf. Mitwanderer ist dabei der kleine, unglücklich verliebte Kaufmann Andreas Ohngelt, der unterwegs vergeblich versucht, das schönste Mädchen des Chores zu erobern, in Zavelstein dann aber doch noch eine Frau findet.

Zavelstein galt lange Zeit als das kleinste Städtchen Deutschlands. Die Stadtrechte bekam es bereits im Jahr 1367 verliehen, als es Graf Eberhard II. von Württemberg in seinen Mauern Schutz gewährte, der im Wildbad von seinen politischen Gegnern, dem Ritterbund der »Schlegler«, überfallen wurde. Zu jener Zeit bestand Zavelstein aus 12 Häusern und der Burg. Bad Teinach, das unterhalb von Zavelstein im tief eingeschnittenen Teinachtal liegt, hat eine bis ins 14. Jahrhundert zurückreichende Tradition als Mineralbad.

Der Weg von Calw nach Zavelstein und Teinach ist leicht zu finden, da er ab dem Calwer Rathaus vom Schwarzwaldverein sehr gut ausgeschildert ist. Er ist Teil des Schwarzwald-Ostweges von Pforzheim nach Schaffhausen am Rhein, der durchgängig mit einer schwarz-roten Raute gekennzeichnet ist. Die Wandertafel befindet sich an einem der unteren Pfeiler der Rathaushalle.

Die Wanderung ist in jedem Abschnitt von besonderem Reiz. Zuerst geht es hinter dem Rathaus durch den Stadtgarten, einen schön angelegten Waldpark, den Berg hinauf bis zur Talkante. Dort liegt der Gimpelstein, ein Felsplateau aus großen Buntsandsteinfelsen, von dem aus man einen schönen Blick auf einen Teil der Stadt und das auf der anderen Talseite beginnende Heckengäu hat. Unterhalb am Weg liegt die von Hesse erwähnte »Annabuche« (s. S. 102). Oberhalb kommt man auf die Georgenhöhe, von der es nur noch eine kurze Strecke ebenen Weges bis zum Schafott ist, der ehemaligen Richtstätte der Stadt. Die letzte Hinrichtung fand hier vor der versammelten Bevölkerung und Schuljugend im Jahr 1818 statt, als die Raubmörderin Gertrude Pfeiflin aus Teinach enthauptet wurde. Diese war während ihrer Kerkerhaft im Langen Turm (siehe Rundgang, Etappe 6) so dick geworden, daß sie zum Richtplatz gefahren und auf das Schafott hinaufgetragen werden mußte.

Hinter dem Schafott führt der Weg durch lichte Hochwälder an einem Waldspielplatz vorbei zu einem Wildschweingehege, an dessen Ende, ein paar Schritte abseits vom Weg, das Wölflesbrünnele liegt, das Hermann Hesse oft aufgesucht hat. In einem Brief nach Calw aus dem Jahr 1914 schreibt er, daß er gerne wieder einmal zum Wölflesbrünnele und zum (hinter dem Öländerle gelegenen) Schleiftäle gehen würde.

Vom Wölflesbrünnele ist es nicht mehr weit bis zum idyllischen Rötelbachtälchen, über das seit altersher das »Zavelsteiner Brückle« führt, unter dem der Sage zufolge ein Geist hausen soll. Nach weiteren ein bis zwei Kilometern bergan gelangt man dann auf die Wiesen und Felder oberhalb von Zavelstein, wobei sich einem sogleich ein weiter Blick über das Städtchen mit der Burgruine und die umliegenden Walddörfer eröffnet. Hierbei mag einem das 1901 geschriebene Schwarzwaldgedicht Hermann Hesses in den Sinn kommen:
»Seltsam schöne Hügelfluchten, / Dunkle Berge, helle Matten,
Rote Felsen, braune Schluchten, / Überflort von Tannenschatten.«

In Zavelstein laden ein Wanderheim des Schwarzwaldvereins (oberhalb des Städtchens auf den Krokuswiesen) sowie im Ortskern zwei Gasthöfe und ein Café zur Rast ein. Die Burgruine findet sich am Ende des mit malerischen Häusern und der Kirche eingerahmten Pflastersträßchens, das auf den Bergsporn hinausführt. »Kleine Burg für wenig Mannen, Städtlein, rußig eng und schmal, rings des Schwarzwalds Edeltannen, unten tief das Teinachtal«, dichtete Victor von Scheffel (1826-1886), der einst als Kurgast in Bad Teinach und Zavelstein weilte. Die Burg wurde 1692 durch die Truppen des französischen Feldherrn Melac zerstört, die zuvor schon Calw in Schutt und Asche gelegt hatten. Der noch erhaltene Burgfried kann zu bestimmten Zeiten bestiegen werden und bietet eine schöne Aussicht über das Teinachtal.

Von der Burgruine führt der ausgeschilderte Weg weiter in das tief eingeschnittene Tal nach Bad Teinach hinab. In Bad Teinach sind neben der Trinkhalle, dem Kurgarten und dem modernen Mi-

Burgruine und Städtchen Zavelstein zu Beginn des 20. Jahrhunderts

neralbad auch die schlichte Kirche sehenswert, die ein Kleinod enthält, die »Turris Antonia«, ein um 1665 von der Prinzessin Antonia, der Schwester des Herzogs Eberhard III. von Württemberg, gestiftetes Altarbild mit Flügeltüren, das in der Art einer jüdisch-kabbalistischen Lehrtafel biblische Darstellungen mit Zahlen und hebräischen Buchstaben versehen zeigt.

Die Mineral- und Heilquellen von Bad Teinach sind der Sage nach entdeckt worden, als Jäger einen waidwunden Hirsch verfolgten und dabei beobachteten, wie dieser seine Wunden in einer Quelle badete. Hermann Hesse schildert dieses Sagenmotiv in seiner *»Schwäbischen Parodie«*:

»Eine eigene, ausführliche Darstellung verdiente die Geschichte Knörzelfingens als Heilbad. In alten Zeiten soll ein Graf von Württemberg sich auf der Jagd in das Knörzeltal verirrt haben, und, obwohl er und seine Mannen ringsum Hasen, Hirsche, Fasanen und anderes Wild in Menge erlegten, wurden sie doch dieser erlegten Beute nur selten habhaft und entdeckten, als sie der Sache nachgingen, daß die verwundeten Tiere sich zur murmelnden Knörzel schleppten, aus ihr tranken oder sich in ihr wuschen und alsbald gesund wieder in die

prächtigen Wälder liefen, die noch heute der Schmuck der Gegend sind. So entstand der Ruf des Knörzelwassers und seiner Heilkraft, und das Tal wurde jahrhundertelang, ähnlich wie so manches andere begnadete Tal unserer Heimat, von Kranken aller Art besucht, namentlich aber von Leuten, welche an Gicht und Rheumatismen litten.« *Hesse, Schwäbische Parodie, GW 6, S. 442 f.*

Im Zusamenhang mit Teinach sei noch auf eine Anglergeschichte in dem Kapitel *»Sor Acqua«* der 1905 verfaßten *»Erinnerungen eines Neunzigjährigen«* hingewiesen, die Hesse dort spielen läßt; eine biographische Entsprechung ist nicht verbürgt:

»Nun, früher brachte ich häufig prächtige Wochen dort zu und habe besonders in dem kleinen Badedorf Teinach viel geangelt. Das Forellenangeln, ohnehin eine interessante Jagd, hatte für mich noch einen besonderen Reiz dadurch, daß ich diesen Fisch nicht nur an der Angel, sondern auch auf der Tafel liebte, während mir sonst der Verbleib meiner Fischbeute meistens gleichgültig war.«

Hesse, Erinnerungen eines Neunzigjährigen, GE 4, S. 365 f.

Wem es zu weit ist, von Bad Teinach wieder zu Fuß nach Calw zurückzugehen, der kann entweder mit dem Bus fahren oder ca. 2 km das Teinachtälchen hinab zu dem im Nagoldtal gelegenen Bahnhof Station Teinach gehen und von dort mit dem Zug nach Calw fahren. Bei der Fahrt oder Wanderung von Bad Teinach nach Station Teinach kommt man an einem Marmorsägewerk vorbei, das eventuell das Vorbild für den Schauplatz in Hesses Erzählung *»Die Marmorsäge«* gewesen sein könnte:

»In der kühlen Waldschlucht des Sattelbachs, der alle paar hundert Schritt eine Mühle treiben muß, lag stattlich und sauber ein Marmorsägewerk […]. Als ich das erstemal diesen Hof nach einem Neugierbesuch verließ, nahm ich ein kleines, einseitig poliertes Stückchen weißen Marmors in der Tasche mit; das besaß ich jahrelang und hatte es als Briefbeschwerer auf meinem Schreibtisch liegen.«

Hesse, Die Marmorsäge, GW 2, S. 185 f.

Hermann Hesses »Calwer Tagebuch«

Vorbemerkung

Hermann Hesses »Calwer Tagebuch« aus dem Jahr 1901 ist ein unvollendet gebliebener Versuch, eine Reihe kleinerer in Calw spielender Erzählungen in einen Erzählrahmen einzubinden. Den Rahmen sollten dabei – wie aus den beiden vorhandenen Fragmenten »Der erste Abend« und »Der zweite Abend« und dem Arbeitstitel »Calwer Tagebuch« zu schließen ist – Erinnerungen und Betrachtungen über seine Heimatstadt Calw bilden. Warum er das Vorhaben nicht vollendete, ist nicht bekannt.

Das im Nachlaß gefundene »Calwer Tagebuch« wurde erstmals im Jahr 1979 in dem Hesse gewidmeten Sonderheft 12/1979 des »Marbacher Magazins« veröffentlicht, das von Walter Staudenmeyer erarbeitet wurde, dem langjährigen Calwer Stadtarchivar, von dem auch, in Zusammenarbeit mit Friedrich Pfäfflin vom Literaturarchiv, die Information zu Entstehung und Inhalt des »Calwer Tagebuchs« und der vier darin enthaltenen Erzählungen stammen dürfte.

Alle vier Erzählungen sind bereits seit einigen Jahren in den Bänden der »Gesammelten Erzählungen« greifbar, allerdings in späteren, überarbeiteten Fassungen. Die schlichteren Erstfassungen aus dem »Calwer Tagebuch« haben jedoch einen ganz eigenen Reiz, weshalb sie hier wieder der Leserschaft zugänglich gemacht werden sollen, da sie zu Hesses anrührendsten Calwer Erzählungen gehören, die seine tiefe Bindung an die Jugendzeit in seiner Heimatstadt besonders schön zum Ausdruck bringen. H. S-L.

Zu Entstehung und Inhalt

»Calwer Tagebuch« steht in der Handschrift von Ninon Hesse über der vermutlich von ihr hergestellten Abschrift eines Manuskriptes, das vom Autor selbst sorgfältig vorliniiert und mit einem Bindfaden zusammengeheftet wurde. 29 Seiten dieses 40seitigen Heftes im Format 21,2×17 cm sind beschrieben und nachträglich mit Veröffentlichungsvermerken über die Erstdrucke versehen worden. Zwei Überschriften – »Der erste Abend« und »Der zweite Abend« – wurden mit Bleistift durchgestrichen. Das ursprünglich wohl tatsächlich als Tagebuch begonnene Heft ohne Umschlag enthält die erste Niederschrift von vier kleinen Erzählungen, die zwischen 1901 und 1904 an verschiedenen Orten zum ersten Mal im Druck erschienen. Text und Titel erfuhren dabei mannigfache Veränderungen.

›Der Kavalier auf dem Eise‹ wurde 1901 unter dem Titel ›Emma Meier‹ in der in Essen erscheinenden ›Rheinisch-Westfälischen Zeitung‹ erstmals gedruckt. Zwischen 1904 und 1917 sind sechs weitere Abdrucke unter dem Titel ›Auf dem Eise‹, und als Teil eines Zyklus ›Aus der Knabenzeit‹ nachweisbar. – »Das schönste Mädchen von Calw«, als die jene Emma Meier in der Skizze vorgestellt wird, dürfte Hesses Mitkonfirmandin Emma Widmaier (*28. 11. 1877) sein, die Tochter des Kupferschmieds Karl Moritz Widmaier und der Louise geb. Maier. Hingewiesen sei auf eine auffallende Namensgleichheit: Das erste verwirrende Liebeserlebnis Hans Giebenraths in ›Unterm Rad‹ unmittelbar vor Antritt seiner Schlosserlehre gilt einer – allerdings aus Heilbronn stammenden – »Emma«.

›Der kleine Mohr‹ erschien 1902 gleichfalls in der ›Rheinisch-Westfälischen Zeitung‹ bereits unter dem bis zu den ›Gedenkblättern‹ (1937) beibehaltenen Titel ›Der Mohrle‹. Zwischen 1904 und 1910 sind ebenfalls sechs Abdrucke nachweisbar; ein Nachdruck erscheint wiederum in dem Zyklus ›Aus der Knabenzeit‹. 1932 überarbeitet Hesse die kleine Skizze: sie wird als ›Knaben-Erlebnis‹, ›Erlebnis aus der Knabenzeit‹, ›Erinnerung an einen Mohrle‹ oder ›Knabe und Tod‹ mehrfach abgedruckt. – ›Das Calwer Wochenblatt‹ vom 15. Juni 1889 enthält die Todes-Anzeige und, einige Tage später, die Danksagung für die Beileidsbezeugungen zum Tode des Kindes Hermann Mohr (1879?-13. Juni 1889), unterzeichnet von Schlossermeister Gottlob Mohr und Elisabeth geb. Maier. Hermann Bernhard Mohr, wie er getauft wurde, hatte nur einen älteren Bruder, August Berthold (*24. 1. 1874), und die Schwestern Wilhelmine Pauline (*20. 6. 1875) und Elise Christiane (*6. 5. 1877). Der »Mohrle« starb im Alter von zehn Jahren an Gehirnentzündung.

›Hotte Hotte Putzpulver‹ erschien 1901 ebenfalls zunächst in der ›Rheinisch-Westfälischen Zeitung‹. Siebzehn Nachdrucke, zum Teil überarbeitet, sind zwischen 1904 und 1944 nachweisbar. Die Titel variieren: ›Eine Gestalt aus der Kinderzeit‹, ›Der Hausierer‹, ›Eine Gestalt aus der Kindheit‹, ›Der Zwerg aus der Falkengasse‹, ›Jugenderinnerung‹, ›Begegnung mit Hotte Hotte Putzpulver‹, ›Der Knabe und der Alte‹; auch diese Erzählung erscheint in dem Zyklus ›Aus der Knabenzeit‹. Die Falkengasse und der »drollige Putzpulverhändler Hotte-hotte« werden auch in ›Unterm Rad‹ geschildert. – »Im Hotte Hotte habe ich ein einziges Mal im Leben eine wirkliche Calwer Erinnerung mit wirklichem Namen genannt«, schreibt Hesse 1930 an Ernst Rheinwald. »Alle meine anderen Geschichten soweit sie überhaupt mit Calwer Erinnerungen etwas zu tun haben, spielen nie in Calw, sondern in Gerbersau oder einem anderen erfundenen und poetischen Ort, und Reichert täuscht sich sehr, wenn er meint, die Figuren meines Gerbersau seien Nachbildungen von Wirklichkeiten, und er könne die Originale zu meinen Zeichnungen nachweisen, und meine Fehler im Nachzeichnen aufzeigen.«

›Der Sammetwedel‹ schließlich erschien am 16. Juli 1904 zum ersten Mal in ›Das neue Magazin‹ unter dem Titel ›Ein Knabenstreich‹. Acht Nachdrucke unter wechselnden Titeln – ›Der Sammetwedel‹, ›Schneeberger Schnupftabak‹, ›Aus der Knabenzeit‹ – sind zwischen 1906 und 1949 nachzuweisen.

Die Datierung des Tagebuchs ist durch Hesses Angaben mit einiger Sicherheit möglich. Zwischen dem 25. März und dem 19. Mai 1901 unternimmt er seine erste »Italienische Reise«, nachdem er seine Basler Sortimentertätigkeit in der Reich'schen Buchhandlung Ende Januar wohl mit dem Ziel aufgegeben hatte, den seit langem geplanten Roman fertigzustellen. Erst ab 1. August dieses Jahres arbeitet er wieder bei Wattenwyl als Buchhändler. Der Roman, von dem das Tagebuch spricht, dürfte der 1904 erschienene ›Peter Camenzind‹ sein, mit dessen endgültiger Niederschrift nach der Rückkehr aus Italien begonnen wurde. Aber auch Teile der ›Hinterlassenen Schriften und Gedichte des Hermann Lauscher‹ (1901) datiert der Autor in seinem Handexemplar auf den Sommer 1901. Verworfene Aufzeichnungen zum ›Lauscher‹ werden in ›Unterm Rad‹ (1905) übernommen.

Hesses Eltern wohnen damals in der Bischofstraße 4, dem alten Haus des Calwer Verlagsvereins mit dem dahinter liegenden dunklen Garten auf der Bergseite. Hesses älteste Schwester, Adele (1875-1949), pflegt die Eltern. Die Halbbrüder Theodor und Karl Isenberg sind bereits verheiratet. Maria (genannt Marulla) Hesse (1880-1953) wird in Stuttgart als Lehrerin ausgebildet. Johannes (genannt Hans) Hesse (1882-1935), der jüngste Bruder, steht in seiner kaufmännischen Ausbildung. – Die von Hesse memorierten Verse stammen aus dem Gedicht ›Lockung‹ von Eichendorff.

[Hermann Hesse: »Calwer Tagebuch«]

Der erste Abend.

Seit einer langen Zeit bin ich zum erstenmal wieder in Calw und im Haus meines Vaters zu Gast. Seit einer langen Zeit genieße ich auch zum erstenmal wieder jenes satte, frohe Feriengefühl, das mir seit den Jahren der Schülerzeit ganz verloren gegangen war. Ich bin für eine ganze Reihe von Monaten frei von Beruf und kontrollierter Arbeit, und ich bin hier in meiner stillen Heimatstadt, um mich auf meine jahrelang ersehnte erste italienische Reise vorzubereiten. Meinen Beruf, meine Bibliothek und die ganze Literatur habe ich für diese Monate hinter mir gelassen, außer den kunsthistorischen Werken und der italienischen Grammatik haben mich nur die Lieblingsdichter begleitet.

Wieviel Sorge, Alter, Ärger und Zwiespalt ist in diesen letzten paar Tagen von mir abgefallen! Wie durch ein Wunder bin ich in dieser stillen, naiven und altmodischen Umgebung selber still und altmodisch geworden. »Mein Roman«, den ich seit zwei Jahren plane und der in die heimlichsten Verborgenheiten der modernen Seele hineinleuchten und im Duft der farbigsten Psychologie aufschillern soll, kann hier unmöglich gedeihen.

Und doch ist mir, ich müsse irgend etwas schreiben. Jeden Abend, um halb zehn Uhr, wenn meine alten Eltern zu Bett und Flur und Zimmerflucht dunkel und still geworden sind, sitze ich noch eine gute Zeit in meinem Zimmer, ganz allein, ganz von Hausfrieden und tiefer, tiefer Stille umgeben. Auch heute sitze ich so, vor dem Fenster liegt mondbeschienen der tiefe, enge Hof und dahinter der dunklere Garten, wo vor Jahren meine wilden Knabenspiele tobten. Auch mein Zimmer ist dasselbe, in dem ich als Schüler manche selig lange Sommervakanz gewohnt habe, in dem ich die ersten Schiller'schen Gedichte las und die frühesten eigenen Verse schrieb. Während ich in diesen wohlbekannten Wänden sitze wie in einem seltsam deutlichen Traum, während das bleiche Mondlicht auf dem Sims sich mit dem kleinen roten Lampenschein vermischt, fühle ich hinter mir die Muse der Kindheit und der Erinnerung durch's Zimmer gehen und mir die leise Märchenhand auf die Schulter legen. Zugleich regt sich in dem alten, heimlichen Raum ein Nachklang der vielen seligen Poetennächte, die ich in meiner schwärmerischen Jünglingszeit hier durchgeträumt habe.

Also lege ich ein kleines Bündel weißer Blätter bereit und widme diese stillen, heimatlichen Abendstunden der Erinnerung und dem Traum von meiner Knabenzeit. An sie erinnert mich der mondbeschienene Hof, das Zimmer mit Tisch, Bücherschrank, Bett und alten Familienbildern, an sie erinnert mich die vor mir aufgestellte Bändereihe der Schriften von Jean Paul, Tieck, Claudius und Jung-Stilling, die ich wieder wie damals für die Ferienwochen aus den großväterlichen Bücherschränken zu mir herübergeschleppt habe. Ich finde in diesen Büchern, besonders im Jean Paul, neben den Spuren schonenden Gebrauchs von Großvaters Zeit auch die Zeichen meiner Jugendlektüre wieder, kleine Flecken, eingebogene Ohren und Bleistriche, und auch diese Spuren sehen schon antiquiert und fast ehrwürdig aus. Wie oft las ich ehemals halbe Nächte lang im Bett in diesen alten Bänden! Auch heute wieder erliege ich ihrem stillen Zauber, dem leisen Duft des alten, tüchtigen Druckes, der die Spuren längst begrabener Hände trägt und über dem schon vor achtzig, neunzig und mehr Jahren bekannte und unbekannte Menschen Abende und Nächte in Verehrung und Begeisterung zugebracht haben.

Auch der Stuhl, auf dem ich sitze, ein schöner großväterlicher Sessel, ist mir aus der Knabenzeit her noch bekannt. Man muß ihn jetzt mit Vorsicht benutzen, da er stark gealtert hat; dennoch mochte ich keinen andern haben. Er kracht jetzt eben leise in den Fugen, wie ich mich in ihm zurücklehne und mir eine neue Zigarre anstecke.

Ich will doch heute nicht mehr mit dem Aufzeichnen meiner Erinnerungen beginnen. Mich beginnt zu schläfern, es ist so totenstill im

Haus. Die weitläufigen Zimmerreihen des geräumigen Hauses, in denen wir sechs Geschwister vor Zeiten unser Wesen trieben, liegen schlafend, fast alle unbewohnt. Schon lang sind wir sechse nicht mehr alle beisammen gewesen. Zwei haben geheirathet, die älteste Schwester ist bei den Eltern hier geblieben, wir Jüngeren schlugen uns da und dort durch die Welt. Wir sind der Heimat ungewohnt, halbfremd, älter und anders geworden, das alte Calwer Haus ist in Schlaf und Stille gesunken, mich und die andern trieb Schicksal, Beruf und Neigung in neue, eigene Wege und Sorgen. Und dennoch hat dieses alte, schweigsam gewordene Haus den Zauber einer vorübergegangenen, gesegneten Zeit in seinen hohen, schlicht geschmückten Räumen bewahrt und dennoch hat dieser Zauber noch Macht genug gehabt, mich gealterten und fast heimatlos gewordenen Wanderer in wenigen Tagen mit seinem dichten Mährchenduft von Heimat, Vergangenheit, Träumerei und Weltferne zu umgeben!

Unter den lieben, heimeligen Schmökern vergaß ich vorhin den Eichendorff zu nennen, der auch vom Großvater her da ist und an dem sich meine Mutter noch jetzt zuweilen erlabt. Meine Mutter! Ach, ich selber schon lese mit halber Wehmut diese schlichten, schönen Lieder und sehe durch sie wie durch ein stilles Fenster in den Garten der Jugendromantik zurück. Und ich lese

Kennst Du noch die irren Lieder
Aus der alten, schönen Zeit?
Sie erwachen alle wieder
Nachts in Waldeseinsamkeit,
Wenn die Bäume träumend lauschen
Und der Flieder duftet schwül
Und im Fluß die Nixen rauschen –

So nimmt mich, während ich Reisepläne und Lebenspläne für die künftigen Jahre spinne, die alte Zeit gefangen. Sie wird flüchtig werden vor den Schönheiten des Südens, vor neuen Arbeiten, Sorgen, Liebesgeschichten, und sie wird eines Tages mich wieder antreten, wenn das alles auch vorüber ist, und dann wird auch der heutige Tag mir wie etwas Fernes, Schöngewesenes herüberwinken. So hängt sich Glied an Glied im Kreis des Werdens und Vergehens, bis auch meine Bücher und die, die ich heute gern lese, in den Händen von nachsinnenden Enkeln liegen und ihnen von mir und von alten, altmodi-

schen, besseren Zeiten sagen werden. Lieder und Gedanken, die jetzt noch hinter meiner Stirn im Traum des Werdens sich regen, werden dann veraltet und graugeworden in antiquierten, nachsichtig aufbewahrten, naiven Blättern ruhen.

Darüber fällt mir ein, wie bald auch unsre ausbündig modernen Schreibweisen, mein ungeschriebener Roman mit ihnen, unmodern und komisch ehrwürdig sein werden, und daß ich ebensogut diese altmodischen Heimaterinnerungen wie den superlativsten Psychologenroman niederschreiben kann, – das Gute und Wahre wird im einen wie im andern den Firniß des heutigen Stils recht wohl entbehren können.

Der zweite Abend.

Die Stadt Calw, in der ich dieses schreibe und in der die folgenden Erinnerungen gebürtig sind, liegt im schwäbischen Schwarzwald am Flüßchen Nagold und nährt sich seit alten Zeiten hauptsächlich von einem stark betriebsamen Webereigewerbe. Daneben halten sich eine Anzahl von Kaufleuten, Handwerkern, Müllern und Holzhändlern je nach dem Stand der Zeiten besser oder schlechter über Wasser.

Obwohl Wildbad nicht fern ist, gehört doch unsre Gegend nicht mehr zum Schwarzwald des Bädecker und der internationalen Reisewelt; die Landschaft ist einfach und die Stadt selbst hat keine Sehenswürdigkeiten. Die schönen alten Bürgerhäuser kann man an den Fingern einer Hand abzählen, das Rathaus ist alt und hübsch, doch ohne starke Eigenart und nur die alte steinerne Nagoldbrücke mit der gotischen Brückenkapelle erinnert daran, daß das bescheidene, fleißige Nest mehr als nur zwei Jahrhunderte alt ist.

Was ich von seiner Geschichte weiß, ist mager und bietet keinen hinreichenden Stoff zu bürgerstolzen Lobpreisungen. An betrachtenswerten historischen Erinnerungen ist das eine halbe Stunde weiter thalab liegende Hirsau viel reicher. Was ich Rühmliches und Herzliches von unsrem Städtchen zu sagen habe, das gehört alles in den Kreis meiner Knabenerinnerungen, mit welchen ich denn auch sogleich beginnen will.

Der Kavalier auf dem Eise.

Ich war zwölfeinhalb Jahre alt und noch mitten in der vielfarbigen, reichen Welt der Knabenschwärmereien. Nun dämmerte schüchtern und lüstern zum ersten mal das weiche Ferneblau der gemilderten, innigeren Jugendlichkeit in meine erstaunte Seele. Es war ein strenger, langer Winter und die Nagold wochenlang hart gefroren. Halbe Tage trieb ich mich mit meinen Kameraden auf dem Eise herum, das Herz von der starken, rhythmischen Bewegung des Schlittschuhlaufs energisch geschwellt, voll von der wunderbaren gedankenlosen Genußkraft der Knabenzeit. Die Mädchen, denen manche von meinen Kameraden nachliefen, waren für mich nicht vorhanden. Statt wie Jene ihnen Ritterdienste zu thun oder sie doch auf der Eisbahn sehnsüchtig zu umkreisen, zog ich es vor allein die freie Lust des fröhlichen Gleitens zu genießen. Zwei, drei Wochen hindurch war ich täglich auf der Bahn, rastlos laufend und die armen Mädchensklaven bemitleidend und verspottend. Ich wußte von Mehreren unter ihnen, wie zweifelhaft ihre galanten Genüsse waren.

Da, schon gegen Winters Ende, kam mir die Schülerneuigkeit zu Ohren, der Nordkaffer hätte neulich abends die Emma Meier beim Schlittschuhausziehen geküßt. Die Nachricht trieb mir plötzlich das Blut zu Kopfe. Geküßt! Das war etwas Anderes als die faden Gespräche und scheuen Berührungen, die sonst als höchste Wonnen des »Mädelführens« gepriesen wurden. Geküßt! Das war ein Ton aus einer fremden, verschlossenen, scheu geahnten Welt, das hatte den lekkeren Duft der verbotenen Frucht, das hatte etwas Heimliches, Poetisches, Unnennbares; das gehörte zu jenem dunkelsüßen, schaurig lockenden Gebiet, das von uns allen verschwiegen, aber ahnungsweise gekannt und streifweise durch sagenhafte Liebesabenteuer früherer, von der Schule verwiesener Mädchenhelden beleuchtet war. Der »Nordkaffer« war ein vierzehnjähriger, Gott weiß wie zu uns verschlagener Hamburger Schuljunge, den ich sehr verehrte und dessen außerhalb der Schule blühender Ruhm mich oft nicht schlafen ließ. Und Emma Meier war zweifellos das schönste Mädchen von Calw; blond, flink, stolz und so alt wie ich.

Von diesem Tag an wälzte ich Pläne und Sorgen in meinem Sinn. Ein Mädchen zu küssen, das übertraf doch alle meine bisherigen

Ideale. Es war mir sogleich klar, daß der solenne Minnedienst der Eisbahn dazu die einzige Gelegenheit war. Zunächst suchte ich mein Äußeres nach Vermögen hoffähiger zu machen. Ich wandte Zeit und Sorgfalt an meine Frisur, wachte peinlich über die Sauberkeit meiner Kleider, trug die Pelzmütze manierlich halb in der Stirn und erbettelte von meinen Schwestern ein rosenrot seidenes Foulard. Zugleich begann ich auf dem Eise die etwa in Frage kommenden Mädchen höflich zu grüßen und glaubte zu sehen, daß diese ungewohnte Huldigung zwar mit Erstaunen, aber nicht ohne Wohlgefallen bemerkt werde.

Viel schwerer wurde mir die erste Anknüpfung, denn in meinem Leben hatte ich noch kein Mädchen »engagiert«. Ich suchte meine Kameraden bei dieser ernsten Zeremonie zu belauschen. Manche machten nur einen Bückling, andere stotterten etwas Unverständliches hervor, weitaus die Meisten aber bedienten sich der eleganten Formel: »Hab' ich die Ehre?« Die Formel gefiel mir und ich übte sie ein, indem ich zuhause auf meinem Zimmer mich vor dem Ofen verneigte und meine Anrede mit Bedacht und Ausdruck vorbrachte.

Nun war der Tag des schweren ersten Schrittes gekommen. Mit Herzklopfen und todbeklommen wie ein Verbrecher ging ich zur Eisbahn. Die Nagold wimmelte schon von Schlittschuhläufern. Ich glaube, meine Hände zitterten beim Anlegen der Stahlschuhe. Und dann stürzte ich mich in die Menge, in weiten Bogen ausholend und bemüht, meinem Gesicht einen Rest der gewohnten Sicherheit und Selbstverständlichkeit zu bewahren. Zweimal durchlief ich die ganze lange Bahn im eiligsten Tempo, die heftige Bewegung und die scharfe Luft thaten mir wohl. Plötzlich, gerade unterhalb des Stegs, rannte ich mit voller Wucht gegen Jemand an und taumelte bestürzt zur Seite. Auf dem Eise aber saß die schöne Emma und sah mich vorwurfsvoll aus großen, beleidigten Mädchenaugen an. Vor meinen Augen ging die Welt im Kreise.

»Helft mir doch auf!«, sagte sie zu ihren Freundinnen. Da nahm ich, blutrot im ganzen Gesicht, meine Mütze ab, kniete neben sie auf die Bahn und half ihr aufstehen.

Wir standen nun einander erschrocken und fassungslos gegenüber, und keines sagte ein Wort. Der Pelz, das Gesicht und Haar des schönen Mädchens betäubten mich durch ihre fremde Nähe. Ich besann mich ohne Erfolg auf eine Entschuldigung und hatte noch immer die Mütze in der Faust.

Plötzlich, während mir die Augen wie verschleiert waren, machte ich mechanisch einen tiefen Bückling und stammelte: »Hab' ich die Ehre?«

Sie antwortete gar nichts, ergriff aber meine Hände mit ihren feinen Fingern, deren Wärme ich durch den Handschuh hindurch fühlte, und fuhr mit mir dahin. Mir war zu Mut wie in einem sonderbaren Traum, ein Gefühl von Glück, Scham, Wärme, Angst und Verlegenheit raubte mir fast den Atem.

Wohl eine Viertelstunde liefen wir zusammen, dann machte sie an einem Halteplatz leise die kleinen Hände frei, sagte »Danke schön« und fuhr allein davon, während ich nachträglich die Mütze zog und noch lange an derselben Stelle stehen blieb. Erst später fiel mir ein, daß ich während der ganzen Zeit kein einziges Wort zu ihr gesprochen hatte.

Das war mein allererstes Liebesabenteuer. Aber es vergingen noch Jahre, ehe der Traum sich erfüllte und ein roter Mädchenmund den meinen traf. Und seither sind die märchenfarbenen Schleier von allen jenen dunkelsüßen Geheimnissen gefallen, so daß ich es heute mit scheuer Sorgfalt genieße, wenn noch einmal die Nähe von Frauen mir einen leisen Hauch jenes beklommen bangen Glückes gewährt. Die schöne Emma ist seit manchen Jahren verheiratet, ich weiß nicht wo.

Der kleine Mohr.

Er war kein Mohr, sondern hieß Mohr, Hermann Mohr, und sein Vater, der, glaube ich, Schlosser war, wohnte an der Ecke der Badgasse in einem räucherigen, alten, steiltreppigen Hause. Er war mehrere Jahre jünger als ich, ein feines, schmales Kind und, ebenso wie seine älteren Brüder, ein reger, begabter Kopf. In der Schule genoß er wie auch die wenigen andern gescheiten Geister viel neidische Bewunderung, denn unser schönes, gewerbfleißiges Nagoldthal ist und war im Hervorbringen von Talenten äußerst sparsam, ja geizig. Der kleine Mohr ragte namentlich als Zeichner hervor, freilich nicht in der

Schule; deren uraltmodischer Betrieb nur den höheren Klassen den Luxus eines kümmerlichen Zeichenunterrichts gestattete. »Der Mohrle« zeichnete an freien Nachmittagen vor seines Vaters Werkstätte im Freien, oder in der hellen Eckstube des ersten Stocks, meistens heroische und phantastische Gegenstände, unter welchen ich mich besonders der kühnen Gestalt einer gewappneten Germania und einer malerisch wilden Waldruine erinnere.

Mein Stolz verbot mir, mit dem so viel jüngeren Kleinen viel zu verkehren, dennoch liebte ich ihn und sah ihn gern mit Bewunderung von ferne an, wenn er so schmächtig und gebückt vor dem Hause saß und an einer Zeichnung strichelte oder irgend eine seiner erfinderischen Arbeiten auf den Knieen liegen hatte, das Rad einer kleinen Mühle, den Rumpf eines Rindenschiffs oder die Teile einer Schlüsselbüchse. Er war meist zuhause und meist allein. Während die Andern in Haufen durch die Straßen sprangen, spielten, lachten und Schabernack trieben, führte der stille junge Künstler lächelnd Griffel, Hammer und Messer, zufrieden, fleißig und nachdenklich wie ein Meister. Zuweilen mochten seine Gedanken in die Zukunft gehen, vielleicht war der kleine Knabe schon der schwärmerischen Wonne teilhaftig, welche in jungen Zeiten dem Künstler seine noch unerprobten Kräfte schenken, jenes unsäglich süßen Schwelgens in unmöglichen Bildern einer rosenroten Zukunft. Ich selbst sah in ihm immer den zukünftigen großen Künstler oder Baumeister, während er zufrieden und träumerisch in der Sonne unsres weltfernen Thals vor dem ärmlichen Hauswesen seines Vaters zeichnend saß. Ich fühlte, daß dieser Knabe das Geheimnis einer fremden Welt besaß und aus dem Schatz eines besonders veranlagten inneren Lebens zu schöpfen hatte.

Der kleine Mohr umgab sich aber bald mit einem noch tieferen Geheimnis und entrückte sich unsrem Verständnis und Umgang noch völliger. Wir sollten von ihm nicht die Enttäuschungen und unzähligen Leiden und Kümmernisse des arm geborenen Talents erleben. Sondern eines Tags fehlte er in der Schule, andern Tags fehlten auch seine Brüder, und am dritten Tag hörte ich, daß er gestorben sei.

Dann fragte mich einer seiner Brüder, ob ich ihn sehen wolle. Ich erschrak, denn ich hatte noch keinen Toten gesehen. Aber ich schämte mich und hielt es für unfreundlich, nicht zu kommen. So ging ich denn mit, das kleine Herz voll Grauen. Je mehr wir uns dem Schlosserhause näherten, desto ängstlicher und langsamer wurde mein Schritt und auf der steilen, schmalen Stiege ging mir fast der Atem aus. Wir traten leise in die Stube, wo die kleine Leiche aufgebettet lag.

So stand ich nun zum erstenmal im Leben vor einem Toten. Das schmächtige Körperchen sah unscheinbar und dürftig aus, dagegen lag auf dem weißen, klugen Gesicht die ganze grausame Größe des Todes. Die feinen, alabasternen Schläfen, bläulich unterlaufen, und die Höhe der Wangen hatten einen fremden, kühl metallenen Schimmer und die Hände sahen so fremd und trostlos schwer aus, daß ich innerlich vor Grausen zitterte. Zugleich sah ich auf einem nahen Tische einige Zeichnungen liegen, deren Striche diese selben Hände noch in den letzten Tagen gezogen hatten. Ich konnte diese Blätter nicht anfassen, welche die unheimliche Macht aus des Knaben Händen genommen hatte. Auch konnten meine knabenhaften Gedanken nicht die Rechnung ziehen, wievielen Leiden und Entbehrungen dies Leben entnommen war. Ich sah nur den unbegreiflichen, harten Schnitt, der ein junges und lebenswertes Dasein zerstört hatte, und empfand die Zerstörung als etwas Böses, Schauerliches und aufregend Grausames. Ein kleiner Knabe hat noch keinen Blick in die Rechnung des Schicksals gethan, in die Rätsel des Gleichgewichts, der Möglichkeiten und Ausgleichungen; noch weniger kann er sich den Tod als Erlöser denken. So erfüllte mich der Anblick meines toten Freundes mit einer bitteren, fast gehässigen Traurigkeit und einem verzweifelnden Staunen vor der unbegreiflichen Macht und Grausamkeit des Schicksals.

Immerhin war ich nun einmal Zuschauer dieses Schicksals gewesen und hatte ein Wesen mit Augen gesehen, dessen Ring geschlossen und dessen Leben der Form enthoben war, und ich ging nicht von jenem Totenbettlein, ohne von dem Anblick tief und unvergeßlich berührt zu sein.

Unmerklich fiel an diesem Tage ein Stück Kindheit von mir ab und flog eine frühe trübe Wolke mir über den kristallenen Himmel des Lebens, der sich nie wieder so rein und selig über uns wölbt wie damals, da wir noch Kinder waren.

Hotte Hotte Putzpulver.

Der krumme alte Hausierer war ein rätselhafter Mensch. Sein bürgerlicher Name war ihm seit Jahrzehnten abhanden gekommen und schon unsre Väter hatten ihn nie anders als Hotte Hotte Putzpulver genannt.

Obwohl das Haus meines Vaters groß, schön und durchaus patrizisch war, lag es doch nur zehn Schritt von einem finstern Winkel entfernt, in welchem einige der elendesten Armutgassen zusammenliefen. Wenn der Typhus ausbrach, so war es dort, wenn mitten in der Nacht sich betrunkenes Schreien und Fluchen erhob, so war es dort, und wenn einmal ein Verbrechen geschah, so war es wieder dort. Die wichtigste von diesen Gassen übte stets einen besonderen Zauber auf mich aus und zog mich gewaltig an, obwohl sie von oben bis unten von lauter Feinden bewohnt war. Es waren sogar die gefürchtetsten von ihnen, die dort wohnten. Man muß wissen, daß in Calw seit Menschengedenken zwischen »Lateinern« und Volksschülern Hader und blutiger Zwiespalt bestand, und ich war natürlich Lateiner. Ich habe in jener Gasse manchen bösen Hieb auf Kopf und Rücken bekommen, und auch manchen ausgeteilt, der mir Ehre machte. Namentlich dem Schuhmächerle und den beiden langen Metzgerbuben, und diese drei waren Gegner von Ruf und Bedeutung!

Also in dieser Gasse verkehrte der Hotte Hotte Putzpulver, so oft er mit seinem kleinen Karren nach Calw kam, was sehr häufig geschah. Wie soll ich ihn nur gleich beschreiben? Er war ein leidlich robuster Zwerg mit dummschlauen Augen, schäbig und mit einem Anstrich von komischer Biederkeit. Man wußte nie, ob er einen Bart habe oder keinen, denn er sah immer aus, als wenn er sich vor drei Wochen rasiert hätte. In jener schlimmen Gasse aber bewegte er sich, als wäre er dort geboren. Er trat in alle diese hohen Häuser mit den niederen Thüren, er tauchte da und dort in hochgelegenen Fenstern auf, er verschwand in die feuchten, schwarzen, winkligen Flure, er rief und plauderte zu allen Parterre- und Kellerfenstern hinein. Er gab allen diesen alten, faulen, schmutzigen Männern die Hand, er schäkerte mit den ungekämmten, verwahrlosten Frauen und kannte die vielen strohblonden, frechen, lärmigen Kinder mit Namen. Er stieg auf und ab, ging aus und ein und hatte in seinen Kleidern und Be-

wegungen und Redensarten ganz den starken Lokalton der finsteren Winkelwelt, die mich mit wohligem Grausen anzog und die mir trotz aller Nachbarschaft doch seltsam fremd und unerforschlich blieb.

Wir Kameraden aber standen am Ende der Gasse, warteten bis der Hausierer zu sehen kam und schrieen dann jedesmal ihm das alte »Hotte Hotte Putzpulver« in allen Tonarten nach. Meistens ging er ruhig weiter, grinste auch wohl verachtungsvoll zu uns herüber; zuweilen aber blieb er stehen, drehte den schweren Kopf mit bösartigem Blick herüber und senkte langsam mit verhaltener Wut die Hand in die tiefe Rocktasche.

Dieser Blick und dieser Griff der breiten Hand war schuld daran, daß ich mehreremal von Hotte Hotte träumte. Und die Träume wieder waren schuld daran, daß ich viel an den alten Hausierer denken mußte und zu ihm in ein sonderbares, verschwiegenes Verhältnis geriet, von dem er freilich nichts wußte. Jene Träume hatten nämlich immer irgend etwas Grausiges. Bald sah ich den Hotte Hotte in seine tiefe Tasche greifen und lange scharfe Messer hervorziehen, während mich ein Zauber am Platz festhielt und mein Haar sich vor Todesangst sträubte. Bald sah ich ihn mit scheußlichem Grinsen alle meine Kameraden in seinen kleinen Blechkarren schieben und wartete entsetzt, bis er mich selber ergreifen würde.

Wenn der Alte nun wiederkam, fiel mir das alles wieder ein. Trotzdem stand ich an der Gassenecke und schrie ihm seinen Übernamen nach und lachte, wenn er in die Tasche griff und das unrasierte, farblose Gesicht verzog. Aber so lang er da war, wäre ich um keinen Preis allein durch seine Gasse gegangen.

Von einem befreundeten Landpfarrhaus zurückkehrend, wanderte ich einmal durch den tiefen schönen Tannenforst und machte lange Schritte, denn es war schon fast Abend und ich hatte noch gute anderthalb Stunden Wegs vor mir. Die Straße begann schon stark zu dämmern, während oben an den hohen Tannenstämmen noch schräge Strahlen roten Lichtes glühten. Ich schaute oft hinauf, einmal aus Freude an dem kräftigen, schönfarbigen Licht, und dann auch aus Trostbedürfnis, denn die rasche Dämmerung im stillen, tiefen Walde legte sich bedrückend auf mein elfjähriges Gemüt. Ich war gewiß nicht feig – welcher »Lateiner« wäre je feig gewesen. Aber hier war kein Feind, keine sichtbare, bestimmte Gefahr, – nur das

Dunkelwerden und das seltsam bläuliche, verworrene Schattengewimmel des Waldinnern. Und nicht weit von dort, gegen Ernstmühl abwärts, war einmal Einer totgeschlagen worden.

Die Vögel gingen zu Nest, es wurde still, still, und kein Mensch war auf der Straße, außer mir. Ich ging leise, Gott weiß warum, und erschrak wenn mein Fuß wider eine Wurzel stieß und Geräusch machte. Darüber wurde mein Gang langsamer statt schneller, und meine Gedanken gingen ganz in's Fabelhafte hinüber. Ich dachte an den Rübezahl, an die Drei Männlein im Walde und an den, der am Ernstmühler Weg war umgekommen. Und an ähnliche Dinge.

Rrrrrr – erhob sich ein schwaches Geräusch. Ich fuhr auf und horchte – rrrrr –, das war hinter mir auf der Straße. Zu sehen aber war nichts, denn, es war fast völlig dunkel geworden. Es ist ein Wagen, dachte ich, und beschloß ihn abzuwarten. Ich besann mich, wessen Gäule wohl hier um diese Zeit fahren möchten. Aber nein, es mußte ein Handkarren sein. Freilich, ein Handkarren. Und ich wartete. Ob es wohl ein Milchkarren war? Einerlei, jedenfalls mußte er auf dem Weg nach Calw sein. Und ich wartete.

Und ich sah nun den Karren, und einen Mann gebückt dahinter. Warum er sich wohl so tief bückte? Der Karren mußte schwer sein. Da war er endlich.

»Guten Abend!« rief ich ihn an. Eine klebrige Stimme hüstelte den Gruß zurück. Der Mann schob sein Wägelchen zwei Schritte weiter und stand neben mir.

Gott helfe mir! – Der Hotte Hotte Putzpulver! Er sah mich einen Augenblick an, fragte »nach Calw?« und ging weiter; ich nebenher. Und so eine halbe Stunde, wir zwei nebeneinander, durch die stille Finsternis. Er sprach kein Wort. Aber er lachte alle paar Minuten, leise, kränklich und sonderbar schadenfroh. Und jedesmal ging das leise, irre Lachen mir durch Mark und Bein. Ich wollte sprechen, wollte schneller gehen, es gelang mir nicht. Endlich brachte ich ein paar Worte heraus.

»Was ist in dem Karren drin?« fragte ich. Ich sagte es sehr schüchtern – zu demselben Hotte Hotte Putzpulver, dem ich hundertmal auf der Gasse nachgeschrieen hatte.

Der Hausierer blieb stehen, lachte wieder, rieb sich die Hände, grinste mich an und fuhr mit der breiten Rechten in die Rocktasche.

Das war die hämisch häßliche Geste, die ich so oft gesehen und geträumt hatte – der Griff nach jenen langen Messern …

Ich rannte wie ein Verzweifelter davon und hörte nicht auf zu rennen, bis ich atemlos und schweißbedeckt an meines Vaters Haus die Glocke zog.

Das war der Hotte Hotte Putzpulver. Seither hat sich in seiner Gasse allerlei geändert. Der Schuhmächerle ist gestorben. Die zwei Metzgerbuben sind vollends verliedert und verkommen. Aber der Hausierer kommt noch immer, schaut in die Kellerfenster, tritt in die schwarzen Flure, schäkert mit den verwahrlosten Weibern und kennt all die vielen strohblonden, frechen Kinder mit Namen.

Der Sammetwedel.

Der Sammetwedel war Besitzer eines stattlichen Kramladens in der Ledergasse. Die Entstehung seines Namens ist von etymologischem Interesse. Er hieß nämlich Samuel. Aus diesem Namen, den unser Dialekt sehr langsam und nasal ausspricht, und aus der salbungsvollen Sanftmut seines Trägers erwuchs diesem der endgiltige Spitzname Sammetwedel. Er handelte mit Wein, dessen Qualität angeblich mit dem neben seinem Hause laufenden Brunnen in kausalem Zusammenhang stand. Er handelte ferner mit Zigarren. Und mit Kolonialwaren. Und mit Kleiderstoffen. Und sonst noch mit vielerlei Dingen.

Sammetwedel war unheimlich fromm. Er besuchte nicht nur die Kirche – das thaten alle anständigen Geschäftsleute –, sondern er lief auch in die Versammlungen der Pietisten in Calw und auf dem Lande. Beim Sprechen rieb er demütig und weichlich die blassen Hände ineinander, blickte öfters mit schmelzend virtuosem Augenaufschlag nach oben; servierte die gangbarsten erbaulichen Redensarten und pries mit lächelnd selbstloser Gebärde seine Weine an. Auch seine Kleidung hatte etwas demütig Frommes, war immer altmodisch, grau oder schwarz, und hielt meistens die Grenze zwischen sparsam und schäbig inne. Seine Kinder sahen kränklich aus und verkehrten wenig mit den Kindern anderer Häuser.

Der unglückliche Mann war die Zielscheibe rastloser Neckereien. Wir Jungen läuteten an seiner Hausthür, schrieben ihm ulkige Brief-

chen, grüßten ihn mit ironischer Hochachtung und belagerten ganze Abende lang seine Ladentreppe.

Eines Abends bummelte ich mit drei Kameraden auf dem Marktplatz. Wir hatten schon den Polizisten gehänselt, an allen Ecken und Ladenthüren spioniert, den Meßner mit Knallerbsen erschreckt und dem nervösen Apotheker an die Fenster gepocht, und wußten nichts Neues mehr anzufangen.

»Ich geh' heim«, erklärte der Philipp gelangweilt.

»Nein, halt' doch!« riefen wir und zogen ihn mit die schmale Biergasse hinab. Da kam mir ein Gedanke.

»Zum Sammetwedel!« rief ich begeistert. »Wir sind eine Ewigkeit nicht mehr bei ihm gewesen.«

Gesagt, gethan. In wenig Sätzen hatten wir seinen Laden erreicht. Vor dem Schaufenster hielten wir Kriegsrat. Es wurde beschlossen, mit einem schlichten Ladenbesuch zu beginnen. Drei Pfennig wurden zusammengeschossen und mich traf das Loos die Fehde zu eröffnen. Ich sollte in den Laden gehen und nach allerlei Dingen im Preis von 3 Pfennig fragen, das Geld aber nur im schlimmsten Notfall ausgeben.

Die Klingel ertönte und mit freundlichem Gruß trat ich in den Laden. Mißtrauisch empfing mich der hinter Kaffeebüchsen fast unsichtbare Sammetwedel. »Was willst Du haben?«

»Ich weiß noch nicht bestimmt. – Haben Sie Schneeberger Schnupftabak?«

Während der Krämer nach seiner Schieblade ging, sah ich an der Ladenthür meine Kameraden lauern – drei vorsichtig emporgereckte, schlaue Gesichter mit pfiffigen Spionsaugen. Ich zwinkerte ihnen zu. Indeß kehrte der Sammetwedel zurück. Das Glück war mir hold – es gab keinen Schneeberger!

»Aber bis in vier, fünf Tagen hab' ich wieder«, sagte der Samuel. Ich stellte mich entrüstet. »Das ist schade! Gar keinen Schneeberger mehr? Aber haben Sie anderen Schnupftabak?«

»Ja wohl.« Und er stellte mehrere Büchsen vor mir auf. Ich fragte genau nach Preis und Güte jeder Sorte, schwankte endlich zwischen zweien, konnte mich nicht entschließen. Ein vehementes Lachen, das auf der Gasse draußen ausbrach, machte mich besorgt. Ich beschloß mich zurückzuziehen. »Danke schön. Ich komm dieser Tage nochmals her, wenn Sie wieder Schneeberger haben.«

Mit höflichem Gruß verließ ich den Laden. Auf dem Heimweg lachten und berieten wir noch viel und eifrig, dann war der Schlachtplan entworfen.

Am nächsten Tage erschienen, mit Pausen natürlich, etwa fünfundzwanzig Schuljungen beim Sammetwedel, die alle Schneeberger Schnupftabak verlangten. Das setzte sich am zweiten Tage fort. Er war wütend und schrie »Hinaus!«, sobald er das Wort Schneeberger hörte.

Am Abend des dritten Tags gelüstete es mich mächtig, selber noch einmal bei ihm vorzusprechen. Ich war überzeugt, daß der Tabak noch nicht wieder zu haben sei.

»Wie ist's mit dem Schneeberger?« fragte ich bescheiden. Der Krämer warf mir einen gesalzenen Zornblick zu, sagte aber nichts, sondern stellte eine Dose vor mich hin, die zu meinem peinlichen Erstaunen den soeben eingetroffenen Schneeberger enthielt. Ich hatte keinen Pfennig in der Tasche: Vor der Thür brach das ganze Rudel der Kameraden in ein tolles Gelächter aus. Sie hatten jetzt den doppelten Genuß, den sanften Sammetwedel in Wut und mich in der Klemme zu sehen. Mir wurde nun doch eng um's Herz.

Ich nahm die Dose in die Hand, roch an dem Tabak und stellte sie wieder zurück. »Es ist doch nicht der richtige«, sagte ich frech und näherte mich eilig der Thür.

Da ereignete sich etwas Außerordentliches. Der sanfte Krämer sprang hinter dem Ladentisch hervor und stürzte mir nach, mit fliegenden Rockschößen und klappernden Pantoffeln.

»Der Sammetwedel! Der Sammetwedel!« schrien alle Jungen und rannten davon. Ich aber hatte mich schon um die Ecke gedrückt und fühlte mich gerettet, während Samuel meinen Kameraden nachjagte. Und nun geschah das Merkwürdige: der Sammetwedel verlor im Rennen einen Pantoffel, ich wie der Blitz hinterher, lese den Pantoffel auf und verschwinde. Und Samuel hinkte halbstrümpfig in's Haus zurück. Es war eine komplette Niederlage.

Ich habe für diesen Pantoffelraub zwei Trachten Prügel und drei Stunden Arrest bekommen, die eine Tracht zuhause, die zweite samt Arrest in der Schule. Unter meinen Kameraden aber hatte ich mir unsterblichen Ruhm erworben.

Übersicht über Hermann Hesses Calwer Erzählungen

Folgende Romane, Erzählungen und Betrachtungen Hermann Hesses spielen ganz oder teilweise in Calw, das dabei oft den poetischen Namen »Gerbersau« trägt. In Klammer sind die Werke genannt, in denen die Texte zu finden sind.

Abkürzungen: **BS** = Bibliothek Suhrkamp; **st** = Suhrkamp Taschenbuch; **it** = insel taschenbuch; **SBB** = Suhrkamp BasisBibliothek mit Kommentaren; **GW** = Hermann Hesse, Gesammelte Werke in 12 Bänden (suhrkamp taschenbuch-Ausgabe); **SW** = Hermann Hesse, Sämtliche Werke in 20 Bänden; **GE 1** = Hesse: Aus Kinderzeiten. Gesammelte Erzählungen. Erster Band (suhrkamp taschenbuch 347); **GE 2** = Hesse: Die Verlobung. Gesammelte Erzählungen. Zweiter Band (suhrkamp taschenbuch 368); ***GE 3*** = Hesse, Der Europäer. Gesammelte Erzählungen. Dritter Band (suhrkamp taschenbuch 384); **GE 4** = Hesse, Innen und außen. Gesammelte Erzählungen. Vierter Band (suhrkamp taschenbuch 413); **KF** = Hesse, Kleine Freuden. Kurze Prosa aus dem Nachlaß (suhrkamp taschenbuch 360); **KdM** = Hesse. Die Kunst des Müßiggangs. Kurze Prosa aus dem Nachlaß (suhrkamp taschenbuch 100)

Romane und längere Erzählungen

- *Demian. Die Geschichte von Emil Sinclairs Jugend* (BS 95; st 206; st 3145; SBB 16; GW 5, S. 5-163; SW 3, S. 233-365)
- *Knulp. Drei Geschichten aus dem Leben Knulps* (BS 75; st 1571; it 394; GW 4, S. 437-525; SW 3, 143-232)
- *Unterm Rad. Roman* (BS 981; st 52; 3146; GW 2, S. 5-178; SW 2, S. 135-280)

Erzählungen und Betrachtungen

Die Mehrzahl der Calwer (»Gerbersauer«) Erzählungen finden sich in den vier Taschenbuchbänden der »Gesammelten Erzählungen« (GE 1,2,3,4). Ein hilfreiches Werk zur Erschließung vieler Calwer Erzählungen ist das Buch von Siegfried Greiner: »Hermann Hesse. Jugend in Calw«. Berichte, Bild- und Textdokumente und Kommentar zu Hesses Gerbersau-Erzählungen, das im Jan Thorbecke Verlag Sigmaringen erschienen ist.

- *Alemannisches Bekenntnis* (KF, S. 146-150)
- *Auf dem Eise* (GE 4, S. 307-310; KdM, S. 112-115; SW 6, S. 48; siehe auch *»Der Kavalier auf dem Eise«*)
- *Aus den Erinnerungen eines Neunzigjährigen* (GE 4, S. 343-369; SW 6, S. 400)

- *Aus der Werkstatt* (GE 1, S. 269-275; SW 6, S. 291)
- *Aus meiner Schülerzeit (In der Lateinschule)* (KF, S. 187-198)
- *Das erste Abenteuer* (GE 2, S. 7-12; SW 6, S. 430)
- *Das Nachtpfauenauge* (GE 3, S. 148-154; KdM, S. 121-127; SW 8, S. 14)
- *Der Hausierer* (GE 1, S. 7-11; KdM, S. 22-26; SW 6, S. 57; auch unter der Überschrift *»Hotte Hotte Putzpulver«* veröffentlicht)
- *Der Kavalier auf dem Eise* (frühe Fassung von *»Auf dem Eise«*, in »Marbacher Magazin« 12/1979, S. 22-24; SW 6, S. 48)
- *Der kleine Mohr* (frühe Fassung von *»Der Mohrle«*, in »Marbacher Magazin« 12/1979, 24-26; SW 6, S. 52)
- *Der Lateinschüler* (st 1193; GE 1, S. 337-368; GW 2, S. 269-306; SW 6, S. 313)
- *Der Mohrle* (GW 10, S. 115-120; SW 6, S. 52; auch unter der Überschrift *»Erlebnis aus der Knabenzeit«*; frühere Fassung: *»Der kleine Mohr«*)
- *Der Sammetwedel* (siehe *»Ein Knabenstreich«*)
- *Der Schlossergeselle* (GE 1, S. 276-280; SW 6, S. 358)
- *Der Zyklon* (st 1377; GE 3, S. 192-206; GW 2, S. 394-412; SW 6, S. 68)
- *Die Heimkehr* (st 1201; GE 3, S. 17-49; GW 3, S. 311-352; SW 7, S. 258)
- *Die Marmorsäge* (st 2779; GE 1, S. 205-232; GW 2; S. 181-213; SW 6, S. 210)
- *Die Verlobung* (GE 2, S. 307-325); GW 3, S. 193-214; SW 7, S. 235)
- *Ein Knabenstreich, bzw. Der Sammetwedel* (GE 1, S. 252-255; SW 6, S. 62)
- *Emil Kolb* (st 1202; GE 3, S. 87-114; GW 3, S. 393-427; SW 7, S. 376)
- *Erinnerung an Hans* (GW 10, S. 199-249)
- *Erlebnis in der Knabenzeit* (GE 1, S. 12-16; SW 6, S. 52; auch unter der Überschrift *»Der Mohrle« veröffentlicht)*
- *Floßfahrt* (GE 4, S. 185-189)
- *Garibaldi* (GE 1, S. 256-268); SW 6, S. 278)
- *Hans Amstein* (GE 1, S. 78-93; SW 6, S. 130)
- *Hans Dierlamms Lehrzeit* (st 1377; GE 3, S. 50-75; SW 7, S. 7)
- *Heimat* (KdM, S. 190-191)
- *Herr Claassen* (GE 4, S. 212-232; GW 10, S. 174-198)
- *Hotte Hotte Putzpulver* (siehe *»Der Hausierer«)*
- *In der alten Sonne* (st 1378; GE 1, S. 162-204; GW 2, S. 413-461; SW 6, S. 237)
- *In einer kleinen Stadt* (GE 3, S. 279-302; SW 6, S. 537)
- *Karl Eugen Eiselein* (GE 1, S. 115-144; SW 6, S. 163)
- *Kinderseele* (st 1203; it 2381; GE 3, S. 336-365; GW 5, S. 167-203; SW 8, S. 179)
- *Kindheit eines Zauberers* (BS 353; S. 156-176)

- *Ladidel* (st 1200; GE 2, S. 326-370; GW 3, S. 258-310; SW 7, S. 308)
- *Peter Bastians Jugend* (SW 6, S. 6, S. 95)
- *Schön ist die Jugend* (st 1380; GE 2, S. 102-138; GW 2, S. 351-393; SW 7, S. 34)
- *Schwäbische Parodie* (GE 4 S. 195-200; GW 6 S. 439-444; SW 8, S. 420)
- *Unterbrochene Schulstunde* (st 1376; GE 4, S. 252-267; GW 8, S. 461-479; SW 8, S. 469)
- *Vier Lebensläufe* (BS 353, S. 11-47; SW 5, S. 409ff. u. S. 585)
  Walter Kömpff (GE 2, S. 270-306; GW 3, S. 217-257; SW 6, S. 461)

Gedichte

(Gedichte mit namentlichem Bezug zu Calw und Umgebung, in: Hermann Hesse: Die Gedichte. Suhrkamp Verlag, Frankfurt am Main 1992)
- *Über Hirsau* (S. 80)
- *Schwarzwald* (S. 128)
- *Beim Wiedersehen einer Kindheitsstätte* (S. 743)

Abbildungsnachweis

Editionsarchiv Volker Michels/Suhrkamp Verlag: Frontispiz, S. 12, 17, 26, 36, 40, 61
Deutsches Literaturarchiv Marbach: S. 11 und 47 (Photos: H. Fuchs, Calw), 72
Reinhard Longerich, Ottenbronn bei Calw / Stadtarchiv Calw: S. 15, 52, 63, 104, 108 (Photos von Johannes Luz, Hirsau)
Herbert Schnierle-Lutz, Bad Teinach-Kentheim bei Calw: Umschlagphoto und Photo S. 38
Stadtarchiv Calw: S. 55 und 57 (Photos: H. Fuchs, Calw), 83, 90, 97
Kartographie: Günter Bosch, Stuttgart